Bibliografische Information der Deutschen Nationalbibliothek:
Die Deutsche Nationalbibliothek verzeichnet diese Publikation in der Deutschen Nationalbibliografie; detaillierte bibliografische Daten sind im Internet über dnb.dnb.de abrufbar.

© 2023 Frank Mühlbauer
Herstellung und Verlag: BoD – Books on Demand, Norderstedt

ISBN: 978-3-7431-6813-8

Liebe Trainerkolleginnen und Trainerkollegen,
liebe Übungsleiterinnen und Übungsleiter,

was ich euch mit dieser Übungssammlung bieten möchte, ist eine Ansammlung von bekannten, weniger bekannten und unbekannten Übungen für die einzelnen Teilbereiche des Volleyballtrainings als Anregung und / oder Ergänzung für euer Training.

Die nachfolgend aufgeführten Trainingseinheiten sollen auch Anlass zur Weiterentwicklung und Veränderung sein, je nach Fertigkeiten und Fähigkeiten eurer Teams. Viele Trainingseinheiten werden euch bekannt vorkommen, zu Recht, da diese Sammlung bekannte Übungen enthält, verändert oder unverändert, wie bereits oben erwähnt.

Viele dieser Übungen habe ich als Spieler von meinen Trainerinnen und Trainern am eigenen Leib erfahren, aber auch später als Trainer von Kolleginnen und Kollegen kennen gelernt, aufgeschnappt und in mein Training einfließen lassen. Vielen Dank an dieser Stelle. In meinen vielen Jahren als Trainer habe ich auch viele Übungen bei Fortbildungen, aus Fachbüchern und -Zeitschriften, sowie diversen Internetseiten aufgeschnappt, diese mit meinen Mannschaften und auch im Schulsport durchgeführt und sehr oft verändert, um diese den Fertigkeiten und dem Niveau der jeweiligen Spielerinnen und Spieler anzupassen.

Einige Übungen wiederholen sich in den verschiedenen Kapiteln, da diese in bestimmten Ausführungen für verschiedene Spielbereiche geeignet sind. Aber auch identische Übungen wiederholen sich bewusst, sodass auf der Suche nach einer geeigneten Übung in einem bestimmten Kapitel geeignete Trainingseinheiten zur Verfügung stehen, wodurch diese Übungssammlung auch als Nachschlagewerk für die schnelle Vorbereitung auf das Training genutzt werden kann.

Wie in den Beschreibungen der Übungen möchte ich nicht noch weitere Worte verlieren, lediglich der Dank an alle Trainer/innen, die zum Teil mehrmals die Woche unter dem Druck stehen ihr Training vorzubereiten, was nicht selten eine oder mehrere Stunden in Anspruch nimmt und nach außen hin verkannt bleibt.

Macht weiter so! Ohne euch geht es nicht!
Ich hoffe ich kann euch mit diesem kleinen Buch unterstützen.

Zunächst eine kleine Zeichenerklärung

In den verschiedensten Literaturen gibt es unterschiedlichste Darstellungen z.B. der Spieler/innen, vom Dreieck bis hin zum Strichmännchen. In Zusammenarbeit mit Lehrer-, Trainerkollegen und Nachwuchstrainern, die ich ausgebildet habe, haben sich die von mir verwendeten Symbole recht gut durchgesetzt. Ich hoffe, dass diese auch für euch keine Hürden darstellen. Hier die wichtigsten Symbole:

Symbole	Definition
○o	Spieler mit Ball (Ball in Spielrichtung. Eröffnet Übungen)
○̦	Spieler in Wartestellung (mit den Arben nach vorne gehalten)
○|	Blockspieler (der Strich stellt das Blockbrett am Netz dar)
[∷]	Ballkorb / Ballwagen mit Bällen
←——→	Ballweg (einfach, Pendel)
⌒→	Ballweg, Bogen
∿→	Ballweg, Rollen
——→	Smash / Angriffsschlag
- - - -→	Laufweg des Spielers
——1——→	Ballweg und Laufwege können mit Zahlen (Reihenfolge versehen sein.
▨	Zonen (farblich markiert oder durch Buchstaben und Zahlen)

Inhaltsverzeichnis

Teilbereiche	Seiten
Angabe	4 – 16
Annahme	17 – 28
Zuspiel	29 – 40
Angriff	41 – 62
Block	63 – 69
Feldabwehr	70 – 90
Libero / Libera	91 – 94
Weitere kleine Spiele	95 – 106

ANGABE

Gezielte Angaben auf 2 Annahmespieler
Wichtig in der Annahme: Konzentration und Absprache

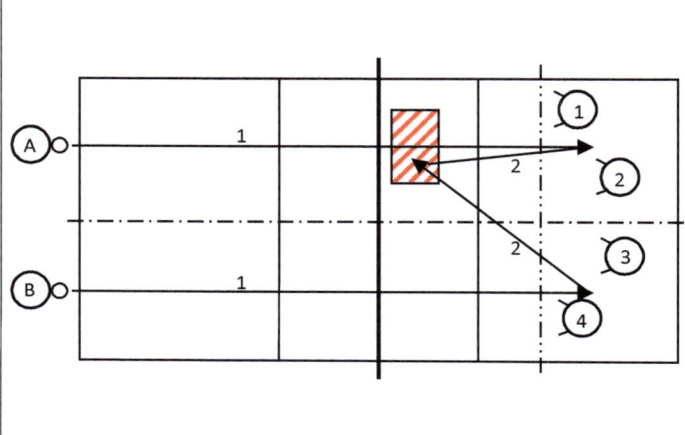

Geübt werden folgende Angabevarianten:

a) longline
b) diagonal
c) short cut
d) long cut

Variante 1
A longline auf 1 und 2
B longline auf 3 und 4

Variante 2
A diagonal auf 3 und 4
B diagonal auf 1 und 2

Annahmeziel ist eine Matte, ein Fänger auf der Position 2, o.ä.

Angabe vs. Annahme nach Belastung ... Linienlauf mit Diver

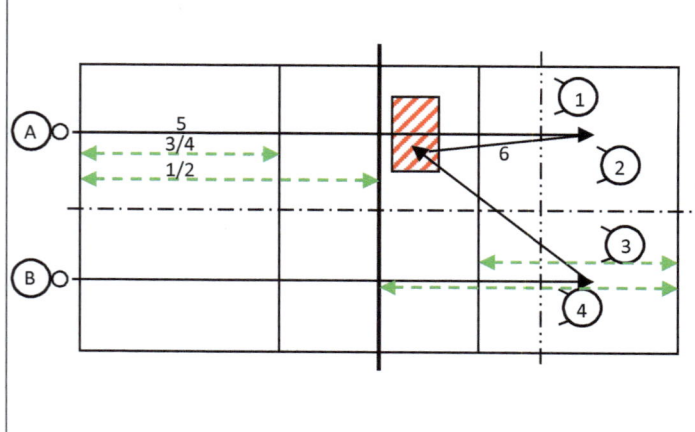

Steigerung zur vorangegangenen Übung:

Bevor die Angabe / Annahme erfolgt absolvieren die Spieler einen Linienlauf mit oder ohne Diver (flaches Abrutschen).

Eine weitere Steigerung wäre die Erweiterung durch Angriffsspieler und einem Gegenangriff nach der Annahme.

Aufschlagspiel 1-5-3 + Trainerball

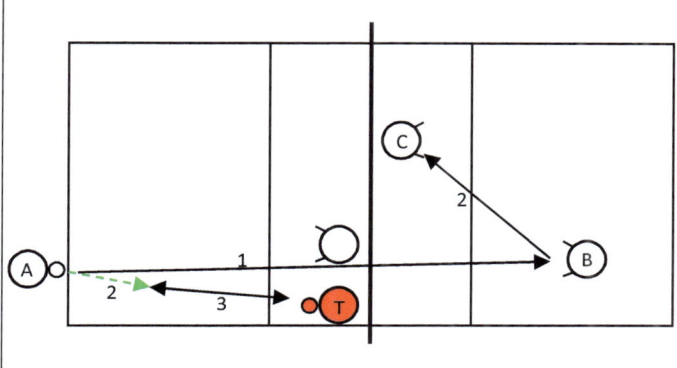

Übung von beiden Seiten möglich.

Angabespieler A schlägt auf Annahmespieler B auf, läuft ins Feld und wehrt einen Ball von einem Zusatzspieler, hier T (Trainer) ab.

B nimmt auf C an, C fängt den Ball.

Rotation: A wechselt auf die B-Position, B auf C, C zur Angabeposition A.
Bei mehreren Spielern kann eine Pufferstation vor B eingebaut werden.

Angabe vs. Annahme

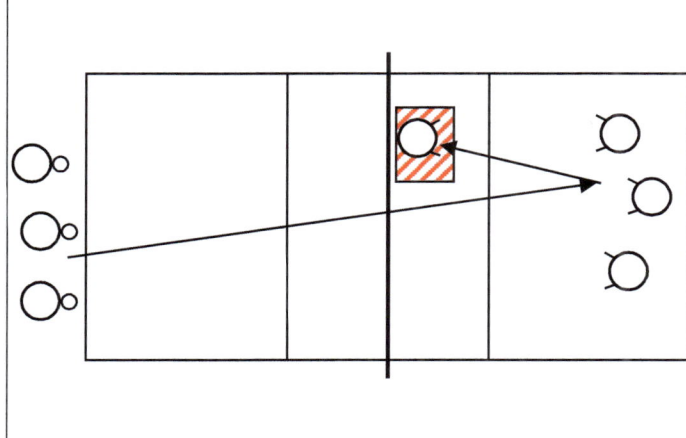

Angabespieler servieren gegen einen Annahmeriegel, hier Dreierannahmeriegel.

Ziel der Angabespieler ist die Angabe so zu gestalten, dass die Annahmespieler ihre Annahme richt ins Ziel, hier Matte / Fänger C, bringen.

Variante
Aufgabe an die Angabespieler bei Fehler in der Durchführung (Linienlauf, Diver, o.ä.)

Angabe-Baseball

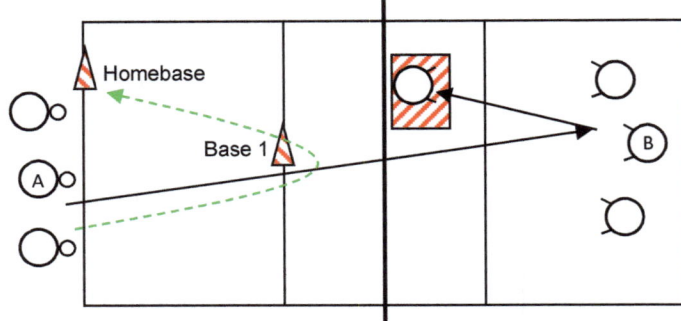

Angabespieler (A) servieren gegen die Annahmespieler (B).

Wie beim Baseball oder Brennball ist das Ziel der Angabespieler den Ball so zu servieren, dass die Annahme den Ball nicht oder verzögert ins Ziel (Spieler auf Matte, Ballkorb, o.ä.) bringen.

Ziel der Angabespieler ist:

a) Bevor der Ball im Annahmeziel ist zur ersten Base zu gelangen, hier ist der Spieler sicher.
b) Über die Bases nach und nach die Spieler zur Homebase zu bekommen. Sobald der nachfolgende Angabespieler seine Angabe macht, läuft der Spieler/die Spieler an den Bases zum nächsten. Zwei Spieler an einer Base sind zu vermeiden.
c) Einen Homerun zu erzwingen, d.h. die Annahmespieler sind nicht in der Lage die Angabe zu kontrollieren (direkter Aufschlagpunkt), hierfür gibt es z.B. 2 Punkte.

Als Bases können Pylonen oder Matten genutzt werden. Diese werden auf einer Feldhälfte oder auch um das gesamte Feld platziert werden. Höher gelegte Querstangen sind ebenfalls ein sehr gutes Base, bei welchem die Angabespieler unten durch Rutschen müssen (Diver):

Anstatt Bases sind Aufgaben für die Angabespieler, z.B. Sprint zum Netz und wieder zurück, eine Herausforderung.

Angabe + Annahme vs. Angabe + Annahme

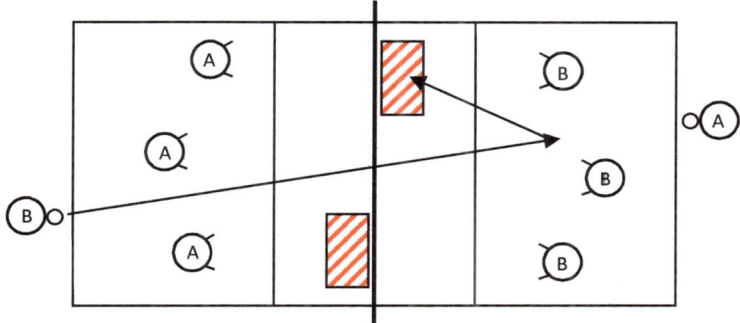

Hier kämpfen zwei Teams (A und B) gegeneinander. Abwechselnd servieren die Angabespieler auf ihre Annahmespieler, welche die Annahme sauber ins Ziel (Matte oder Spieler auf gewünschter Position) bringen sollen. Trainiert wird hier die sichere und gezielte Angabe.

Variante: Die Angabespieler servieren mit Risiko **gegen** die Annahmespieler.

Feldabwehr nach Angabe

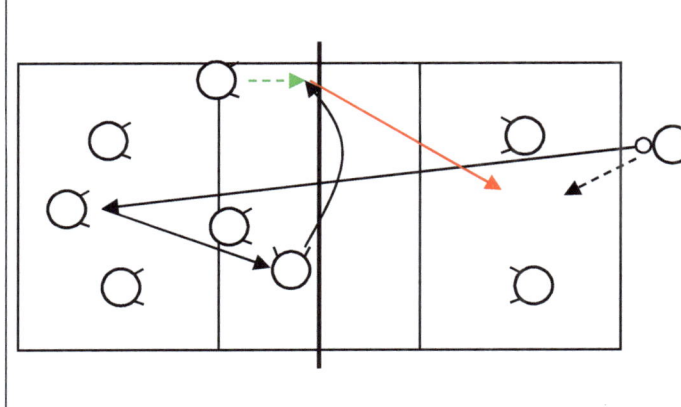

Eine Erweiterung zur Angabe vs. Annahme ist der gezielte Gegenangriff nach der Annahme (Sideout).

Hier wird sichergestellt, dass der Angabespieler nach seinem Service sofort in die Feldabwehr umschaltet und seiner Angabe nicht nur hinterher schaut.

Anstatt eines Gegenangriffes kann auch ein Spieler oder der Trainer einen Ball auf den Angabespieler servieren.

Rundlauf, einfach … rechts / links herum [1)]

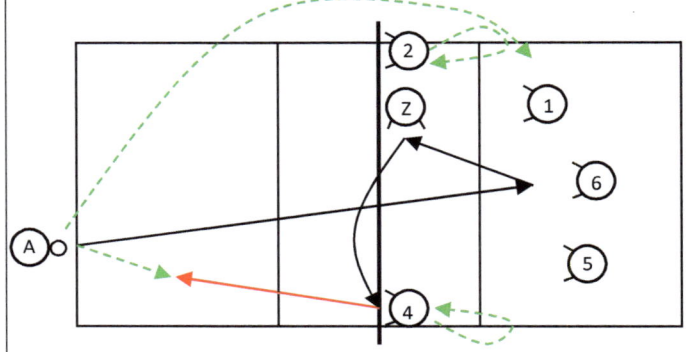

Rundlauf, da die Spieler nach einem oder mehreren Bällen eine Position weiter wechseln, hier links herum – im Uhrzeigersinn.

Angabespieler serviert und läuft danach sofort auf eine Position im eigenen Feld, als Angriffsziel für die Angriffsspieler 4 und 2.

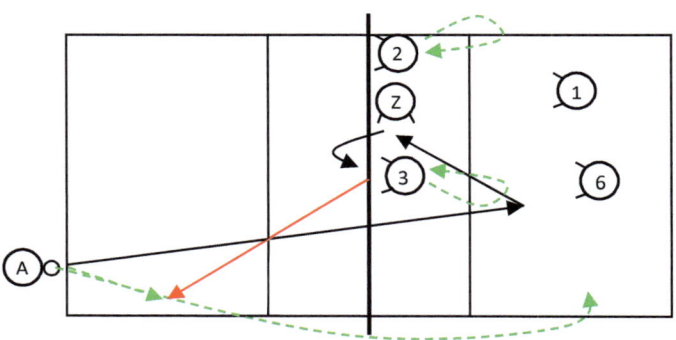

Rundlauf rechts herum, gegen den Uhrzeigersinn.

Annahmespieler können variieren von 1 – 4 Annahmespieler, je nach Annahmephilosophie und Übungsintensität.

Angreiferanzahl kann ebenfalls variieren.

Rundlauf-Varianten

- Anzahl der Annahmespieler variiert
- Angreifer von nur einer oder mehreren Positionen

- Wechsel nach einem oder mehreren Bällen pro Position
- Wechsel nach einem Ball plus einem oder mehreren Zusatzbällen, eingeworfen durch den Trainer auf die Annahmeseite

- Läufer
- Rechts herum: Angreifer von der Position 2
- Links herum: Angreifer von der Position 4 und 3

[1)] Übung auch für das Training des Zuspiels und der Annahme sehr gut geeignet.

Angabe-Annahme – schnelle Reihenfolge

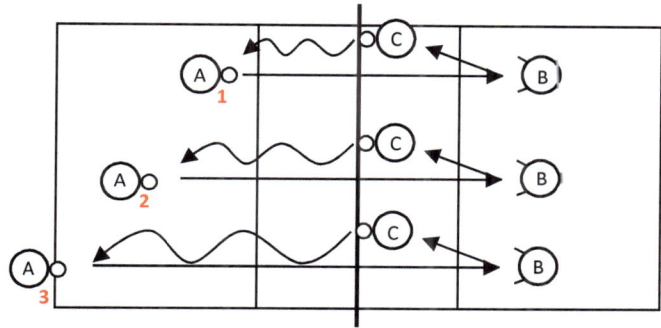

Spieler A serviert gezielt auf Annahmespieler B,
B nimmt auf Spieler C an,
C rollt während der Angabe einen zweiten Ball zügig zum Angabespieler A und fängt die Annahme von Spieler C.
Je nach Niveau wird das Tempo der nachfolgenden Angaben erhöht.

Steigerung der Angaben:
(1) 4m vom Netz entfernt
(2) Halbfeld
(3) Grundlinie

Angabe in Zonen

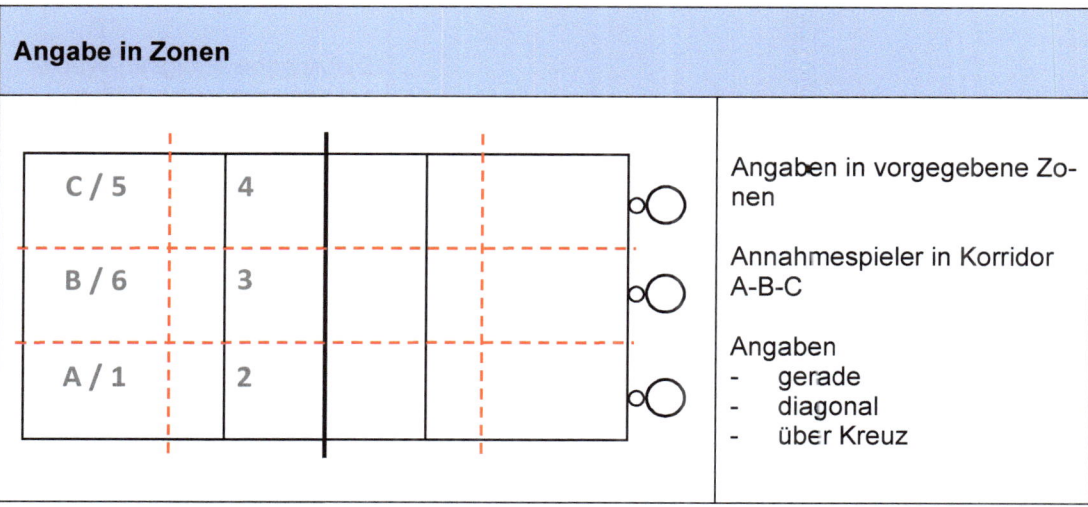

Angaben in vorgegebene Zonen

Annahmespieler in Korridor A-B-C

Angaben
- gerade
- diagonal
- über Kreuz

Rundlauf 1-5-3 mit Läufer (Z) und Gegenangriff

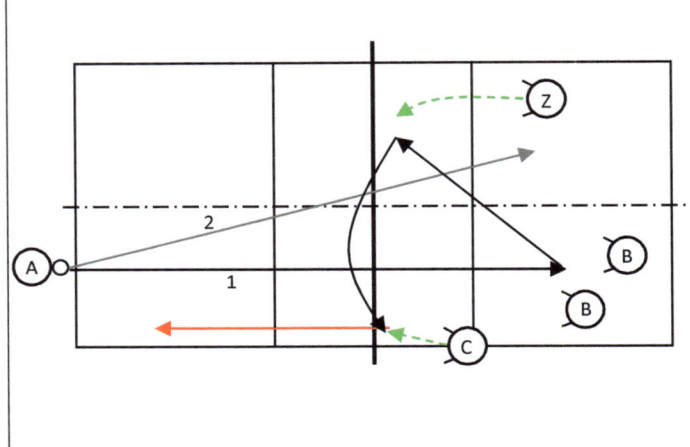

Gezielte Angaben von Spieler A auf Spieler B
(1-2 Annahmespieler)

(1) longline
(2) diagonal

mit gezielten und Risikoangaben.

Zuspieler (Z) läuft von Position 1/6 auf die Zuspielposition und bedient Angriffsspieler C.

Angabeübung mit zwei Läuferpositionen auf der Annahmeseite

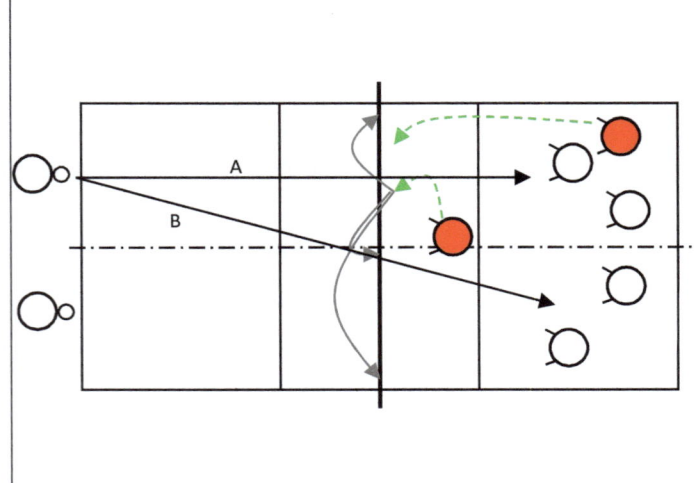

Die Angabe erfolgt im Wechsel nach mehreren Bällen
a) longline
b) diagonal
von verschiedenen Angabepositionen (hier linke und rechte Feldhälfte).

Unterstützt wird diese Übung durch Läufer 1 und Läufer 6, wodurch der Druck der Angabespieler erhöht wird den Service druckvoller zu gestalten.

Angabenvarianten nach Vorgabe durch den Trainer

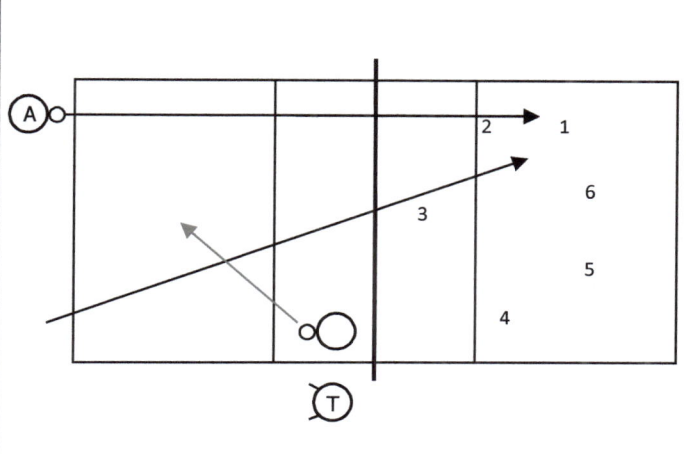

Angabe erfolgt auf Zeichen des Trainers gezielt.

Vorgaben des Trainers:
- Spielernummer
- Positionsnummer
- Angabeart

Erweiterung
Angabespieler wehrt nach seiner Angabe einen Ball im Feld ab.

Angabe-Annahme – Rundlauf 1-5-3, beidseitig

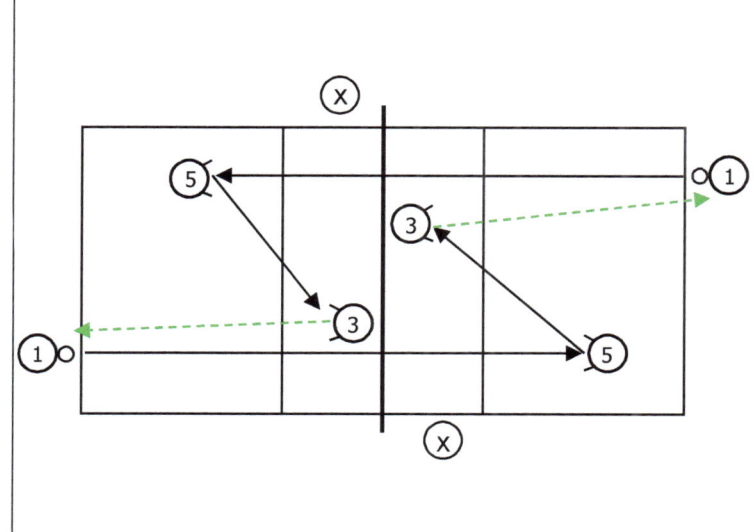

Angabe (1) auf Spielerposition 5,
Annahme (5) auf Zuspielerposition (3), dieser fängt den Ball.

Ballweg ist gleich Laufweg.
Bei mehreren Spielern kann eine Warteposition (X) eingebaut werden.

Rundlauf 1-5-3 mit Gegenangriff

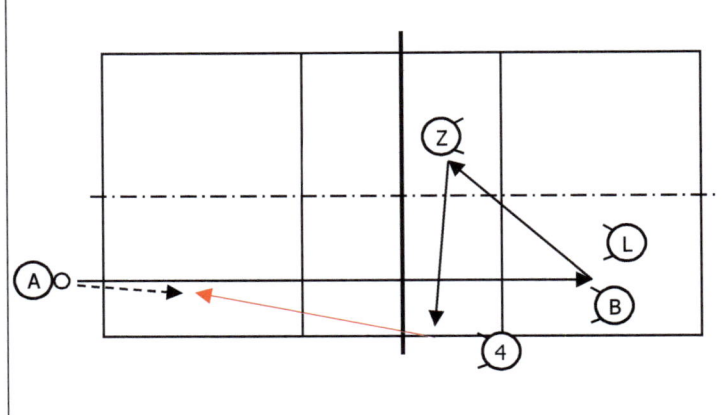

Angabe (A) auf zwei Annahmespieler/in
(hier B und Libero (L))

Annahme auf Zuspielposition (Z)
Zuspiel auf Angriffsposition (4)

Angabespieler läuft auf die Abwehrposition und wehrt den Angriff ab.

Angabe in einen schmalen Korridor

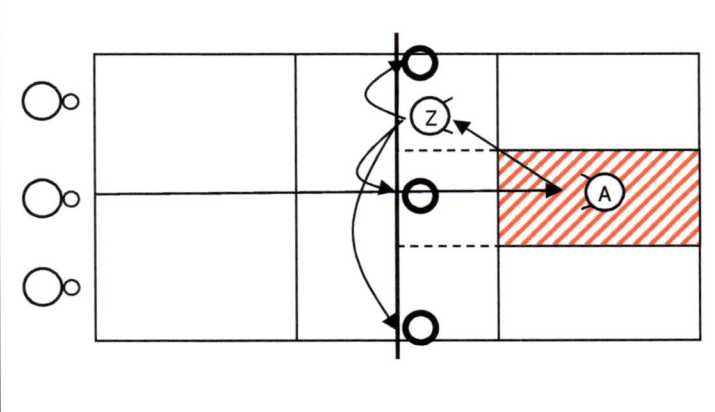

Angabe in einen vorgegebenen, schmalen Korridor (A).

Den Annahmespieler auch in einer begrenzten Fläche unter Druck setzen.

Angaben sollen auch seitlich versetzt durchgeführt werden.

Übung mit Zuspieler oder anderem Ziel.

Angabe unter Belastung auf ein Ziel

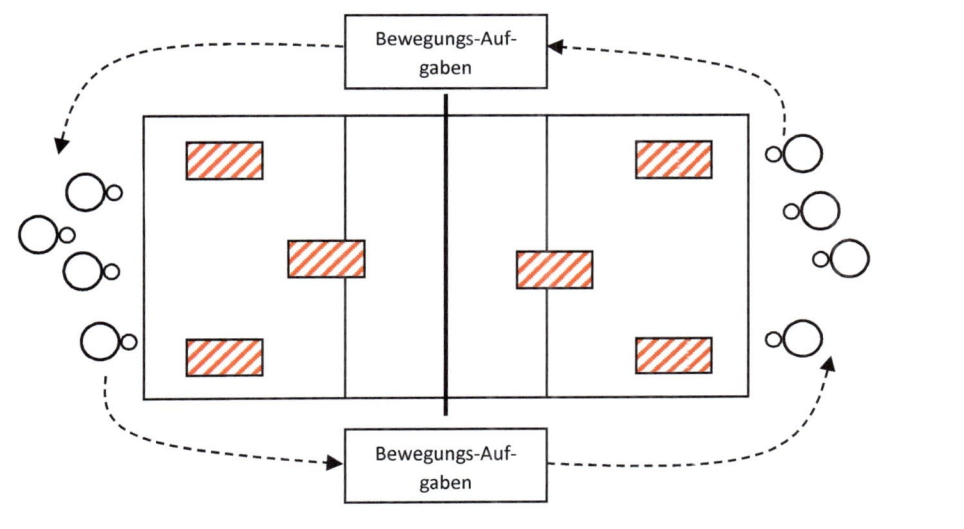

- Jeder Angabespieler serviert 3 Angaben auf dasselbe Ziel (Matten o.ä.) in Folge,
- Danach wechselt er mit vorgegebener Aufgabe die Feldseite:

Aufgaben für den Wechsel können z.B. sein:
- Sprungparcours
- Slalom
- Sprung- und Hüpfformen
- Usw.

Angabenvarianten
- Annahmespieler als Ziele
- Ziele = Punktzahlen, wer durch Addition auf eine vorgegebene Summe kommt
- Zielvorgabe durch den Trainer

Angabe-Annahme-Rundlauf (feste Annahme-, Angriffs- und Zuspieler)

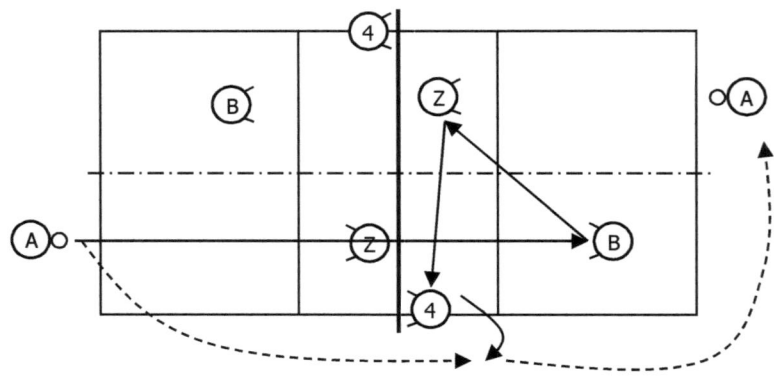

Angabe (A) auf Annahmespieler/in (B),
Annahme (B) auf Zuspielposition (Z),
Zuspiel (Z) auf Angriffsposition (4) am Netz,
Angriffsspieler (4) fängt den Ball oder spielt diesen über Kopf.

Der Angabespieler läuft nach seiner Angabe sofort auf die andere Feldseite und nimmt den Ball (gespielt von Spieler 4) mit.

Angabe-Annahme-Rundlauf (s.o.) mit zwei Annahmespielern

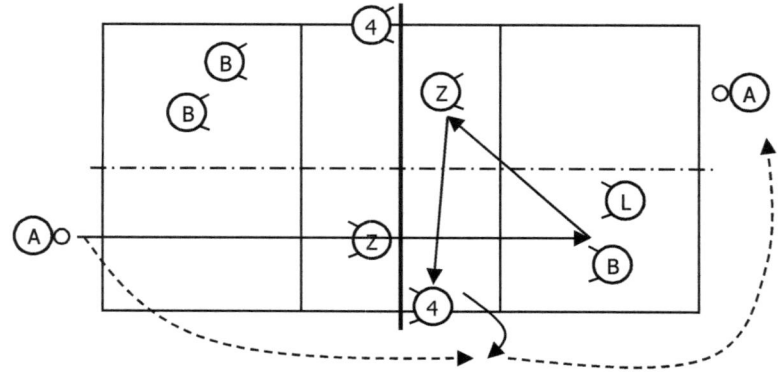

Hier kann die Angabe gezielt auf einen der beiden Annahmespieler gemacht werden oder der Service zwischen diese (Schnittstelle) geübt werden.

Taktische Angaben in Zonen – Annahme und Gegenangriff

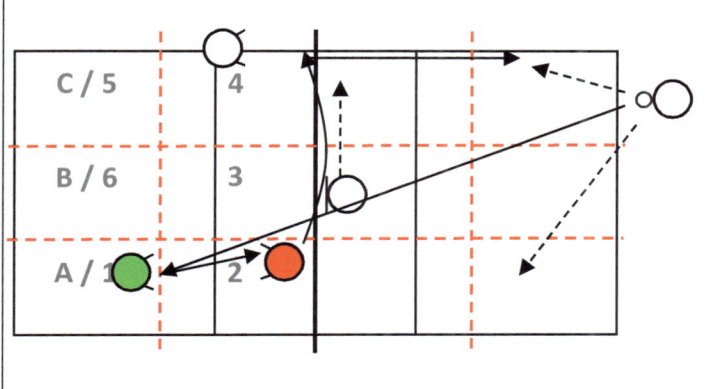

Taktische Angaben in die Zonen A-B-C. Angabespieler läuft nach Angabe als „Angriffsziel" in seine Feldhälfte. Annahme auf Zuspieler, Zuspiel auf Angreifer und Gegenangriff.

Angabe-Addition

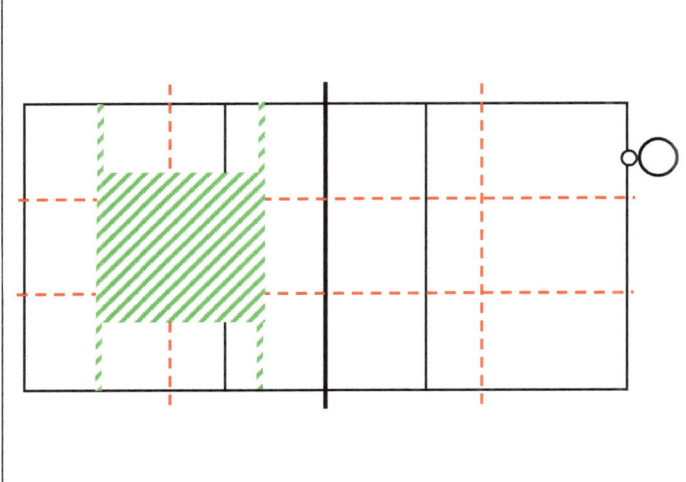

Ziel: 19 Punkte erreichen, genau!

Punkte:
- Die Tabuzone (grün) ergibt keinen Punkt
- 1 Punkt Abzug für Angabefehler
- Vor und hinter der Tabuzone = 2 Punkte
- Links und rechts der Tabuzone = 1 Punkt

Jeder Spieler hat nur einen Ball zur Verfügung, muss diesen nach seiner Angabe im Trab/Sprint wiederholen und sich zur Angabeseite begeben. Zeitdruck ergibt sich durch „Bestrafung" der Platzierten nach Platz 1.

Angabetraining – Rundlauf in Dreiergruppe (1-5-3-1)

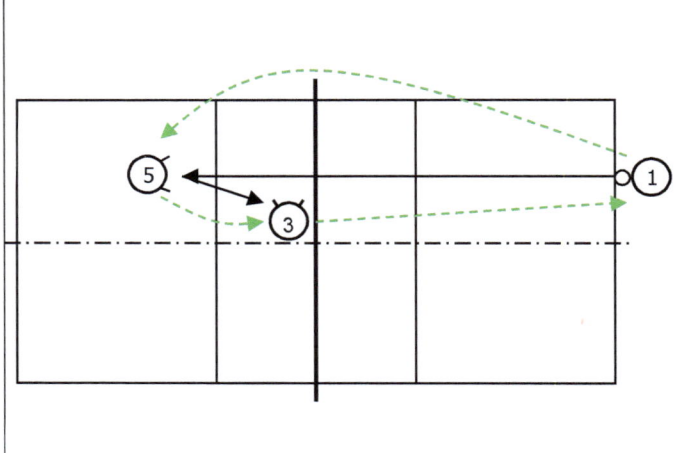

Aufschlagspieler 1 serviert gezielt auf Annahmespieler 5, dieser nimmt zu Spieler 3 an.

In diesem Kreislauf wird auch nach jedem Ball, laufend, gewechselt.

Angabe nach Belastung.

Angabetraining – schnelles Reagieren des Angabespielers

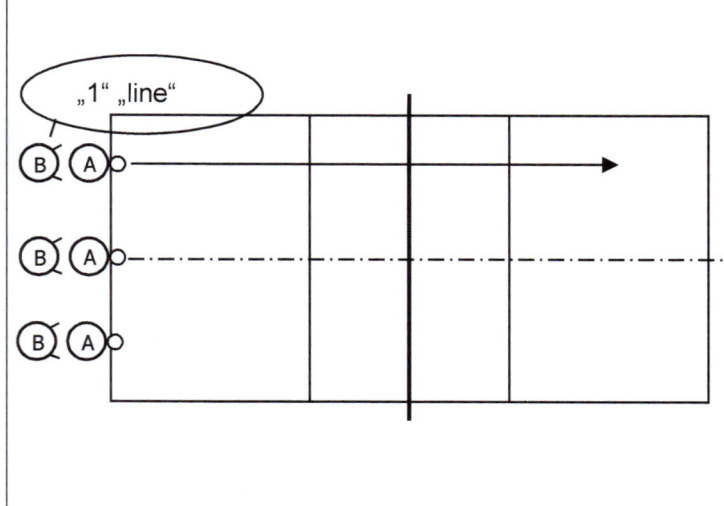

Spieler A wirft den Ball zur Angabe an,

Spieler B sagt die Aufschlagrichtung an.

Reaktion auf plötzliche Veränderung der Annahmemannschaft.

ANNAHME

Volley-Fünferle an der Wand – Grundlage für die Annahme

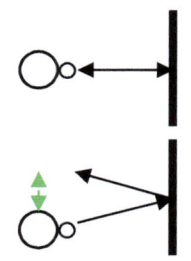

1) Einfaches beidarmiges Baggern an der Wand
2) Einarmiges unteres Zuspiel, abwechselnd linker und rechter Arm
3) Beidarmiges Baggern mit seitlicher Bewegung. Dabei trifft der Ball immer auf dieselbe Stelle an der Wand, nur der Spieler bewegt sich ca. 1m nach links und rechts
4) Baggern zu zweit. Die Spieler stehen ca. 1m (Entfernung variieren) voneinander entfernt, gleich weit von der Wand entfernt und spielen sich den Ball über die Wand zu
5) Zwei Spieler gegeneinander. Zuvor muss ein kleines Spielfeld festgelegt werden

Sidesteps mit unterem und oberen Zuspiel – Annahme aus der Bewegung heraus

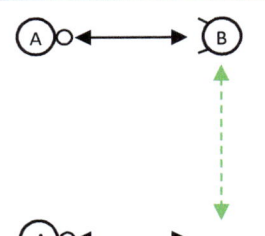

Spieler A werfen je einen Ball auf Spieler B an.

Spieler B spielt den Ball zurück, per …
- unterem Zuspiel
- oberem Zuspiel

und läuft seitlich zu den Spielpartnern.

Steigerung:
Spieler A schlagen den Ball auf B

Kasten sauber halten (Bälle raus – Bälle rein)

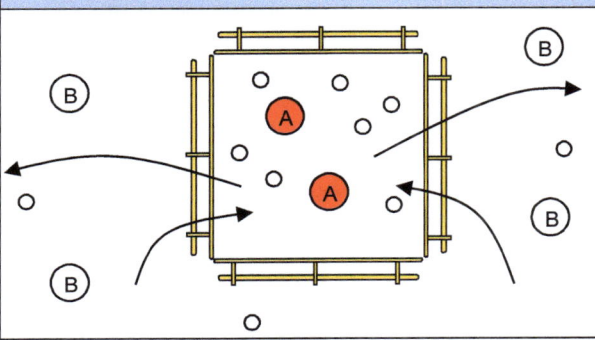

Spieler im Kreis „A" (4 Langbänke gekippt) werfen die Bälle beidhändig aus ihrem Bereich:
Ziel ist es den Kreis leer zu bekommen oder nach Ablauf einer bestimmten Zeit (ca. 1 Minute) so wenig Bälle wie möglich im Kreis zu haben.

Spieler außerhalb, „B" befördern die Bälle wieder in den Kreis.
Nicht mit den Füßen!

Baggertennis

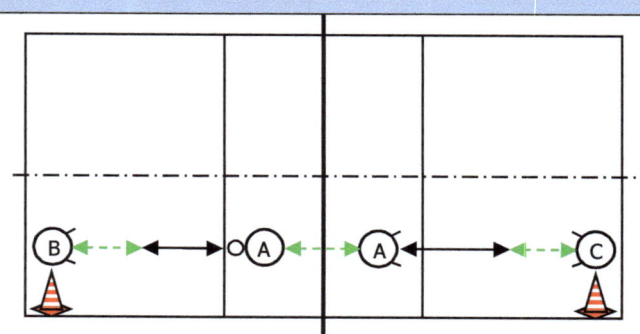

1 vs. 1

Annahme im unteren Zuspiel

2. Ball im oberen Zuspiel

3m-Raum ist tabu

Unteres Zuspiel mit Seitenwechsel

Spieler A passt abwechselnd auf B und C und läuft nach den jeweiligen Pässen unter dem Netz durch.

Spieler B und C bewegen sich nach dem Rückpass auf A rückwärts bis zu einem bestimmten Punkt (hier Pylone).

Gezielte Angaben auf Annahmepaar

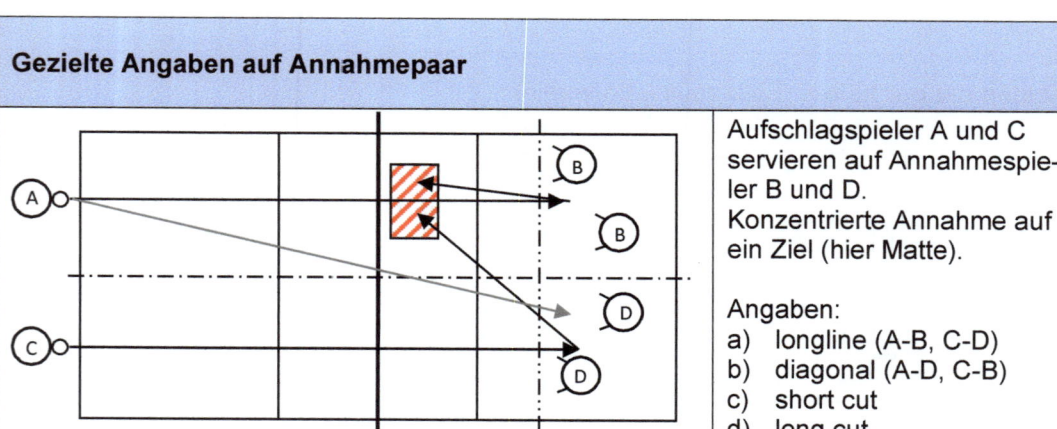

Aufschlagspieler A und C servieren auf Annahmespieler B und D.
Konzentrierte Annahme auf ein Ziel (hier Matte).

Angaben:
a) longline (A-B, C-D)
b) diagonal (A-D, C-B)
c) short cut
d) long cut

Fanga

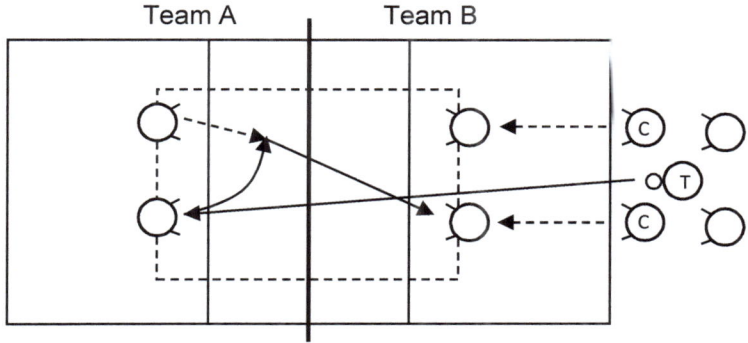

- Trainer/Spieler serviert einen Ball auf die Annahmemannschaft „Team A).
- Team A spielt diesen Ball gegen Team B aus.
- Nach erfolgtem Punkt verlässt Team A das Spielfeld und schließt sich hinter den wartenden Teams, beim Trainer wieder an.
- Team B läuft zügig auf die andere Feldseite und wird zu Team A.
- Spieler C rücken auf und werden zu Team B, ff.

Angabe vs. Annahme

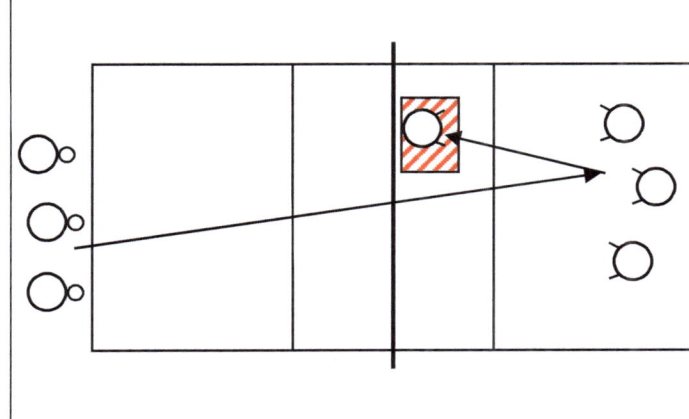

Angabespieler servieren auf einen Annahmeriegel, hier Dreierannahmeriegel.

Die Angaben werden hier gezielt und dosiert durchgeführt, sodass die Annahmespieler mit Absprache untereinander auf das Ziel (hier Spieler auf Matte) annehmen können.

Natürlich variiert die Stärke der Angabe gem. Niveau.

Variante
Aufgabe an die Annahmespieler bei Fehler in der Durchführung oder Annahme (Linienlauf, Diver, o.ä.)

Einschlagen nach Annahme

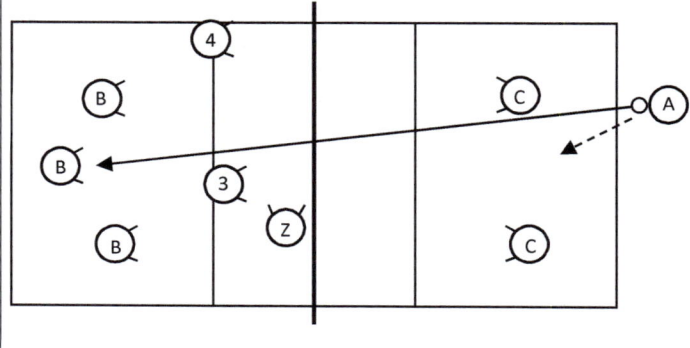

Spieler A serviert auf Annahmeriegel (B)
- gezielte Bälle (Training der Annahmetaktik)
- Risikobälle (Annahme trainieren)

Annahmeriegel (B) nimmt auf Zuspieler (Z) an, dieser serviert auf Angriffsspieler (hier 3 und 4).

Angabe + Annahme vs. Angabe + Annahme

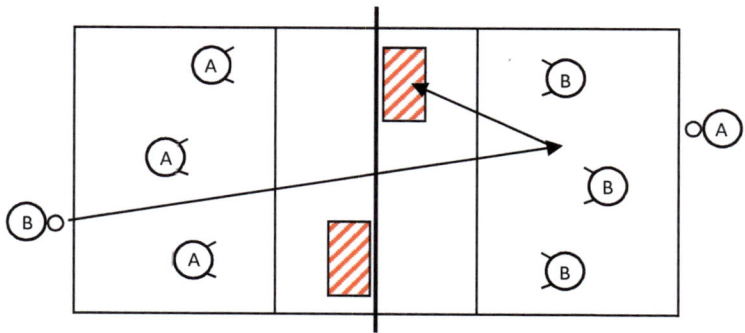

Hier kämpfen zwei Teams (A und B) gegeneinander. Abwechselnd servieren die Angabespieler auf ihre Annahmespieler, welche die Annahme sauber ins Ziel (Matte oder Spieler auf gewünschter Position) bringen sollen. Trainiert wird hier die sichere und gezielte Annahme.

Variante: Die Angabespieler servieren mit Risiko **gegen** die Annahmespieler.

Annahme in schneller Folge

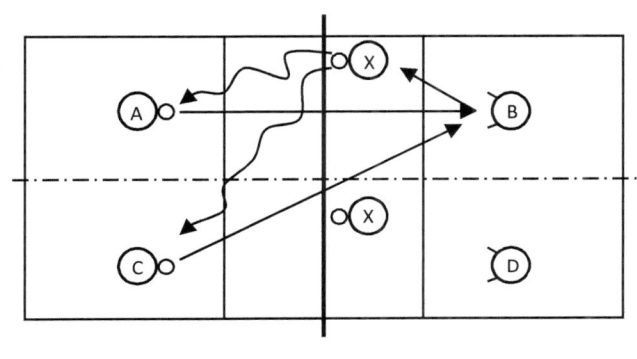

Spieler A (C) serviert auf Annahmespieler B (D).
Die Annahmespieler nehmen auf Spieler X an, diese rollen während der Angabe einen zweiten Ball zu den Angabespielern (A und C).

Variante 2
Die Angabespieler servieren über Kreuz
A – D
C – B
wodurch der Annahmewinkel verändert wird.

Dankeball

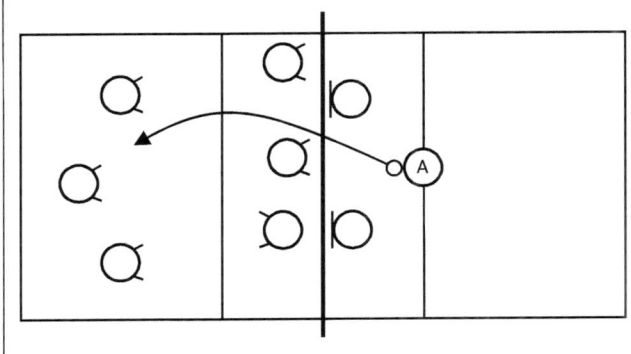

A serviert Dankebälle auf die Annahmespieler.

Weiterer Übungsverlauf:
- 🏐 Annahme auf ein Ziel!
- 🏐 Annahme wird im Zuspiel verwertete!
- 🏐 Zuspiel wird angegriffen!

Annahme mit verschiedenem Winkel zum Zuspieler

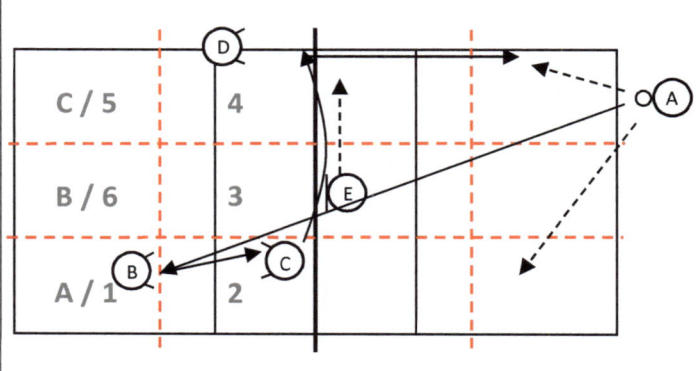

Annahme in den Zonen A-B-C. So wird der Winkel der Annahme zum Zuspieler variiert.

Übungserweiterung:
Angabespieler läuft nach Angabe als „Angriffsziel" in seine Feldhälfte.

Annahmewettkampf

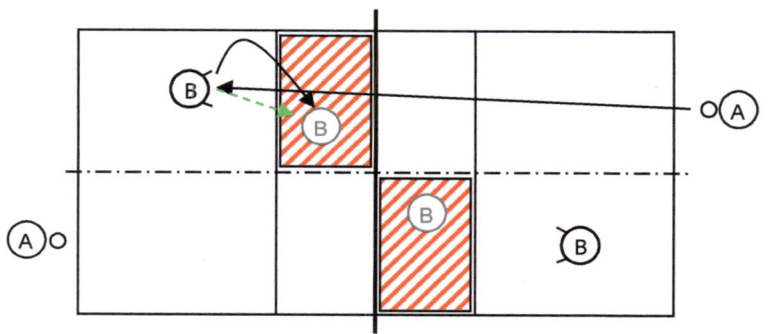

Angabespieler A serviert auf Annahmespieler B,

B nimmt den Ball in die markierte Zone (Zuspielzone) an, läuft sofort dem Ball hinterher und fängt diesen direkt in der Zuspielzone.

Varianten
- pro gefangenem Ball 1 Punkt für Annahmespieler
- Angabeposition frei wählen
- Serviceart nach Vorgabe

Annahmeparcours 1

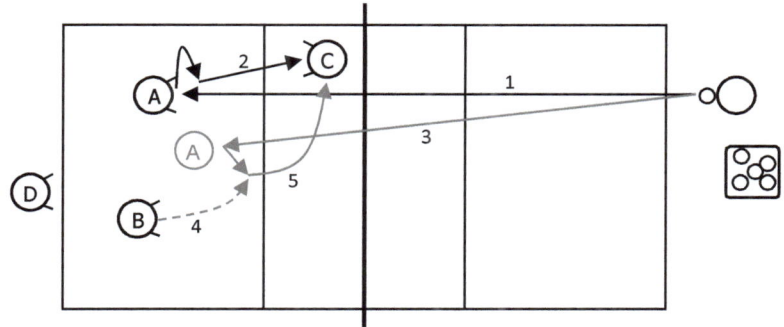

1) Angabe auf Spieler A (Position 5),
2) A passt nach seiner Annahme den eigenen Ball zu C

3) (grau) Angabe auf A (vorgerückte Position),
4) gleichzeitig läuft B (von Position 1) nach vorne und
5) passt den von A angenommenen Ball zu C

Wechsel der Spieler:
A nach C, B nach A, D nach B und C nach D

Annahmedrill mit Seitenwechsel

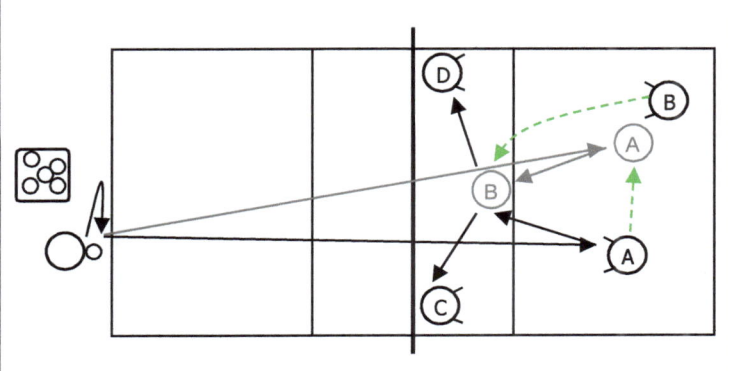

Spieler A nimmt Service auf vorgerückte B an, dieser passt ...
1. zu Spieler C (Position 4), Spieler A verschiebt sich seitwärts (grau A),
2. zu Spieler D (Position 2)

Variante:
C und D greifen den zugespielten Ball an

Annahmeparcours 2

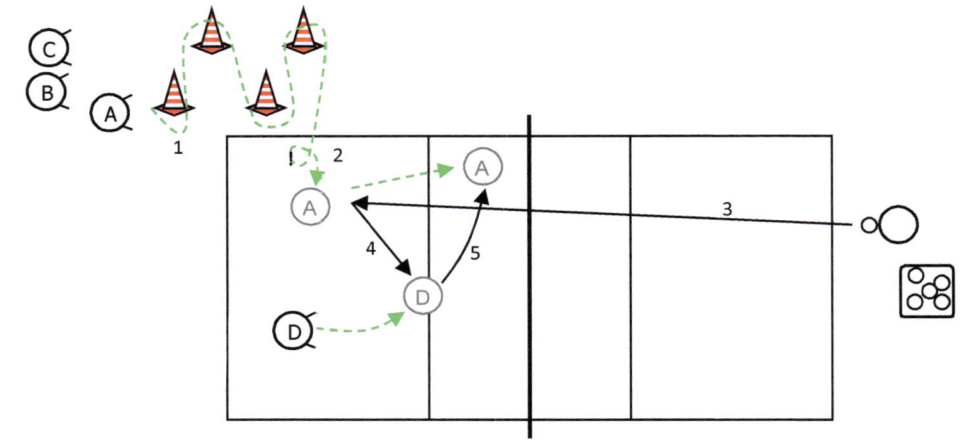

1) Spieler A läuft, mit Front zum Netz, seitwärts durch den Slalomparcours,
2) kurz vor der Annahmeposition dreht sich A einmal um die eigene Achse,
3) Angabe von Spieler/Trainer (zügig),
4) Annahme von A auf Spieler D, der vorrückt und den Ball zu
5) Spieler A (vorgerückt auf Position 4 am Netz) passt.

Variante: Angriff von Spieler A nach Pass

Annahme in Zonen mit seitlicher Verschiebung der Annahmespieler

- Annahmespieler X bewegt sich seitlich mit Front zum Netz von Zone zu Zone,
- Spieler C-B-A schlagen auf den jeweiligen Spieler in der Zone seiner Linie,
- Annahme auf Zuspielposition oder Zuspieler.

Annahmedrill mit Verschiebung

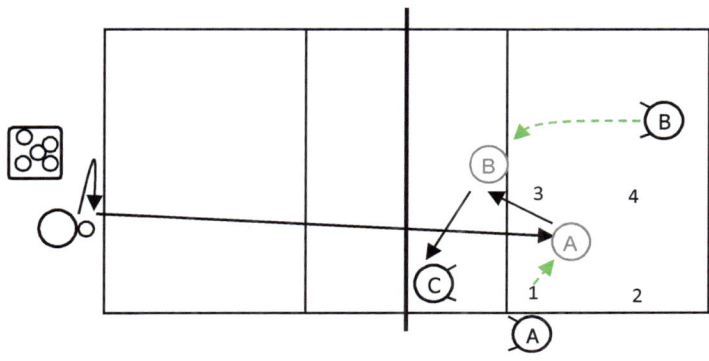

- Spieler A läuft nach Anwurf des Balles von Angabespieler von Punkt 1-2-3-4 (Pylonen oder Markierung, ca. 1m²),
- auf die Annahmeposition (grau A),
- nimmt auf vorgerückten Spieler B an und
- dieser pass auf Spieler C.

Variante:
C greift zugespielten Ball an.

Angabe mit Abwehrfolge

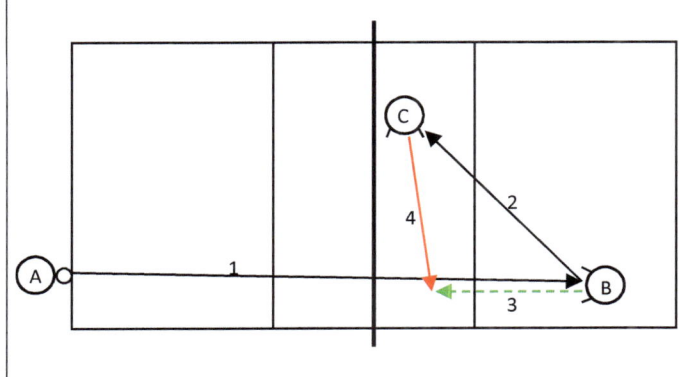

1) Spieler A gibt auf Spieler B an,
2) B nimmt sauber auf (hier) die Position 2 an,
3) Läuft auf eine Abwehrposition (hier Position 4) und
4) wehrt einen Angriffsball zurück zu Spieler C ab.

Angabe-Annahme – Rundlauf 1-5-3, beidseitig (siehe auch Angabetraining)

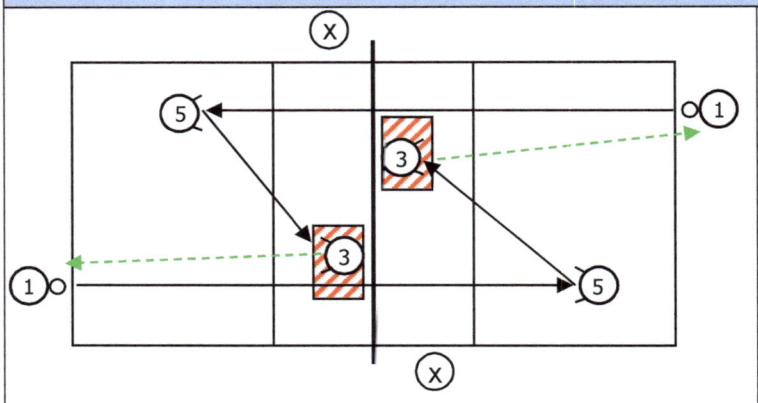

Angabe (1) auf Spielerposition 5, Annahme (5) auf Zuspielposition (3), dieser fängt den Ball in einer bestimmten Zone.

Ballweg ist gleich Laufweg.
Bei mehreren Spieler kann eine Warteposition (X) eingebaut werden.

Rundlauf, einfach

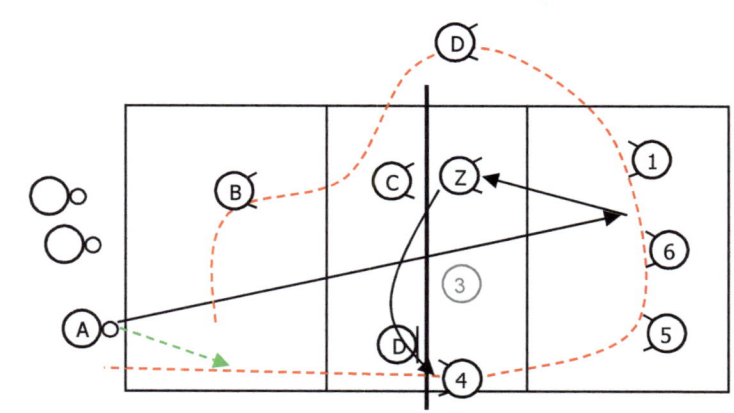

- Service von Spieler A auf 3 Annahmespieler (hier 1, 6, 5),
- Angabespieler verschiebt nach Service ins Feld (Position 1),
- Annahme auf Zuspieler,
- Service auf Position 4 oder 3,
- Angreifer (3 / 4) löst sich mit Service vom Netz und greift gegen Block (D) an,
- Spieler A, B und C verteidigen den Angriff.

Nach einem oder mehreren Annahmen wechseln die Spieler gegen den Uhrzeigersinn (siehe rote Linie), um abwechslungsreich zu trainieren.
Angreifer und Zuspieler können ebenfalls in das Wechselsystem miteinbezogen werden.

Annahme- und Abwehrtraining

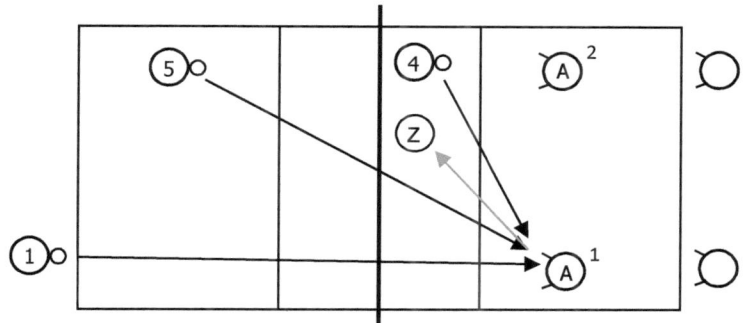

- Spieler (1) serviert longline auf Spieler A^1 / diagonal auf Spieler A^2
- Spieler (5) serviert diagonal auf Spieler A^1 / longline auf Spieler A^2
- Spieler (4) schlägt einen Ball auf Spieler A^1 / lobbt auf Spieler A^2

Annahme / Abwehr der Spieler A immer auf den Spieler Z (Zuspielposition)

Beachte:
Spieler A dreht sauber mit Front zum ballspielenden Spieler

Nach einem Durchgang wechseln die Annahmespieler mit den hinter dem Feld wartenden Spielern.

Steigerung

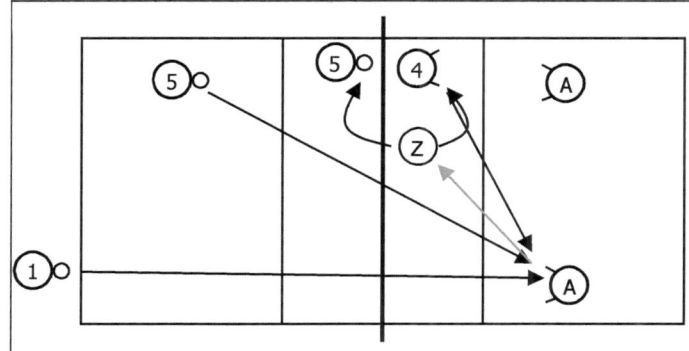

Zuspieler spielt den Ball über Kopf auf Spieler …
- 4 (eigene Seite = Angreifer)
- 5 (über das Netz = Stellertrick)

Variante
Spieler 5 greift die Bälle von Spieler 4 über das Netz an (= Spielnahe)

Annahmetraining – Rundlauf in Dreiergruppe (1-5-3-1)

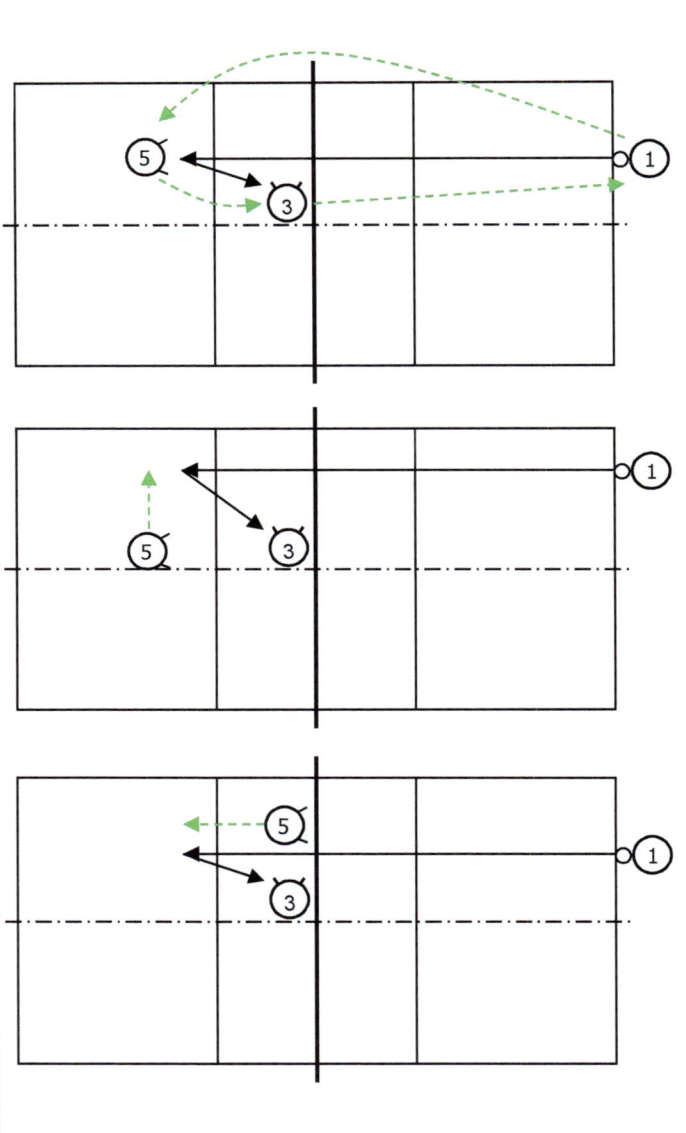

Aufschlagspieler 1 serviert in verschiedenen Angabevarianten auf Annahmespieler 5, dieser nimmt zu Spieler 3 an.

In diesem Kreislauf wird auch nach jedem Ball, laufend, gewechselt.

Annahme nach Belastung.

Varianten:

- Annahmespieler bewegt sich nach dem Anwurf des Angabespieler seitwärts (links/rechts) zum Annahmepunkt (Bild 2)

- Annahmespieler bewegt sich nach dem Anwurf des Angabespielers rückwärts zum Annahmepunkt (Bild 3)

Bei den Varianten muss der Annahmespieler schnell laufen und bei seiner Annahme einen festen Stand haben.

ZUSPIEL

Einspielen zu dritt mit Zuspieler in der Mitte mit Positionswechsel

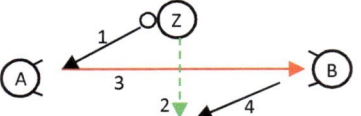

1) Zuspieler serviert auf Spieler A
2) und wechselt sofort auf die andere Seite (ca. 2m)
3) Spieler A schlägt einen Ball auf Spieler B,
4) dieser nimmt auf gewechselten Zuspieler an,
5) Zuspieler serviert auf Spieler B,
6) ff.

Lang-kurz-kurz-lang

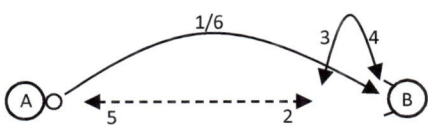

Zwei Spieler spielen sich den Ball wie folgt zu:

1) langer Ball von Spieler A
2) auflaufen bis ca. 1m vor Spieler B
3) Spieler B spielt kurzen Ball auf Spieler A
4) kurzer Ball zurück von A zu B
5) Rückwärtsbewegung von Spieler A zum Ausgangspunkt
6) langer Ball von Spieler B auf Spieler A
7) ff. – Spieler B beginnt bei Nr. 1)

Variante
- nur ein Spieler läuft

1 + 1 mit 2 Zuspielern

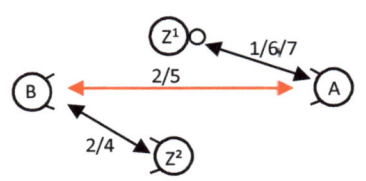

Bei dieser Übung spielen zusammen:
Zuspieler 1 und Spieler A
Zuspieler 2 und Spieler B

1) Z^1 serviert Spieler A den Ball,
2) A schlägt gezielt auf Spieler B,
3) B nimmt auf Z^2 an,
4) Z^2 serviert Spieler B den Ball,
5) ff.

Einspielen mit Zusatzaufgaben

Zwei Spieler spielen sich mit oberem und unteren Zuspiel ein.
Spieler B (hier) bewältigt nach seinem Abspiel verschiedene Aufgaben, z.B.:
- In die Hände klatschen, vor und hinter dem Körper
- 360°-Drehung
- Setzen und wieder aufstehen
- Sprint zum Spieler A und wieder zurück
- Liegestütz-Ausgangsposition
- uvm.

Zuspiel am Netz auf Angriffspositionen nach Anwurf

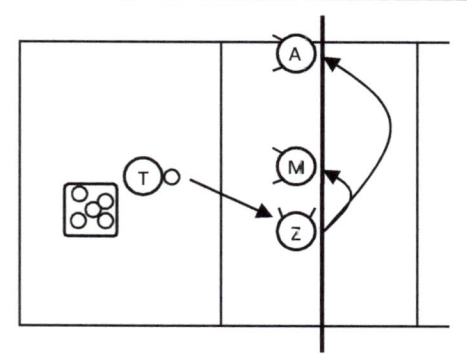

Trainer oder ein Spieler wirft Bälle auf den Zuspieler an.
Der Zuspieler serviert den Ball auf die Angriffsposition (hier Mitte und Außen)

Peripheres Sehen

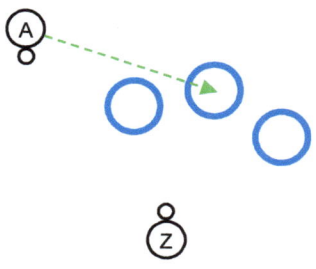

Zuspieler Z spielt mit eigenem Ball über Kopf und beobachtet dabei Spieler A:

Spieler A bewegt sich von Reifen zu Reifen. In einen Reifen legt er seinen Ball ab, dorthin muss nun der Zuspieler seinen Ball passen.
Spieler A spielt den angespielten Ball zurück zu Z und nimmt seinen Ball wieder auf, ff.

Zuspiel nach Lauf über Kreuz

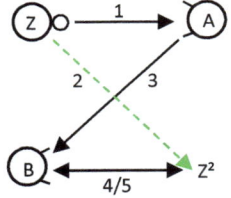

1) Zuspieler (Z) spielt einen hohen Ball auf Spieler A
2) und läuft über Kreuz auf die Zuspielposition für Spieler B (Z^2)
3) A spielt den Ball auf Spieler B
4) B nimmt auf Z^2 an
5) ff.

Zuspieltraining nach Liberoball

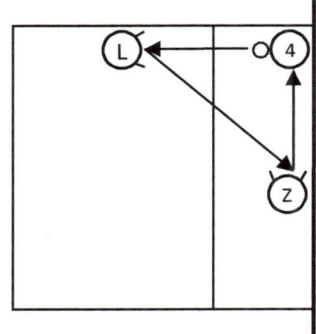

- Spieler 4 spielt einen Angriffsball auf Libero (L),
- der Libero wehrt den Ball auf den Zuspieler (Z) ab,
- der Zuspieler serviert den Ball auf Spieler 4.

Variante:
- 2 Abwehrspieler
- Liberoposition variiert

Selbstsicherung nach Zuspiel

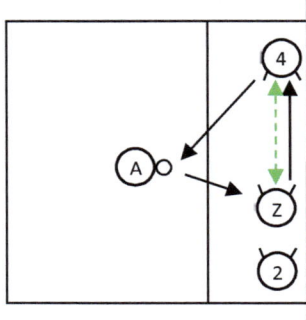

- Spieler A spielt einen hohen Ball auf Spieler Z,
- Z spielt den Ball auf Spieler 4,
- läuft auf Spieler 4 auf und nimmt eine tiefe Abwehrhaltung (Sicherung) ein,
- läuft danach sofort wieder zurück zur Ausgangsposition,
- währenddessen spielt Spieler 4 den Ball zurück zu A.
- Zuspieler spielt abwechselnd Spieler 4 und 2 an.

Zuspielertraining am Netz mit Pendel P6+Z

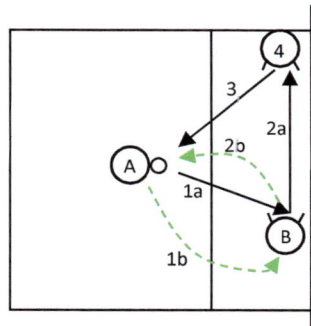

1) Spieler A (2. Zuspieler) spielt einen hohen Ball auf Spieler B (1. Zuspieler)
2) und läuft nach vorne ans Netz hinter Spieler B,
3) Spieler B spielt Spieler 4 (Angriffsposition Außen) den Ball zu
4) und läuft, mit Blick immer zum Angriffsspieler, in die Feldmitte (vorgezogene 6),
5) Spieler 4 spielt einen hohen Ball auf Spieler B der nun auf der Ausgangsposition von Spieler A steht,
6) ff.

1 vs. 1 mit 1 Zuspieler

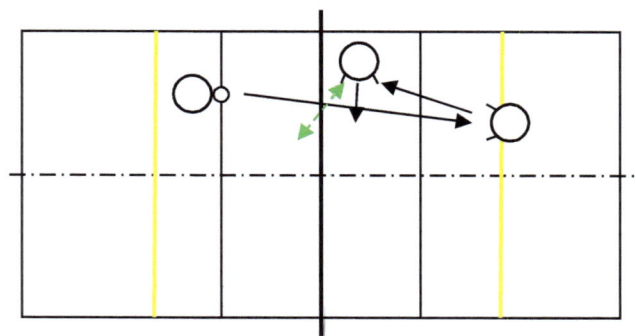

Spiel auf kleinem Feld 1 vs. 1 mit einem Zuspieler, für beide Spieler, der die Feldseite nach jedem Zuspiel wechselt und somit aus der Bewegung heraus agieren muss.

Kleinfeld, 2+2 / 2vs2 mit 1 Zuspieler

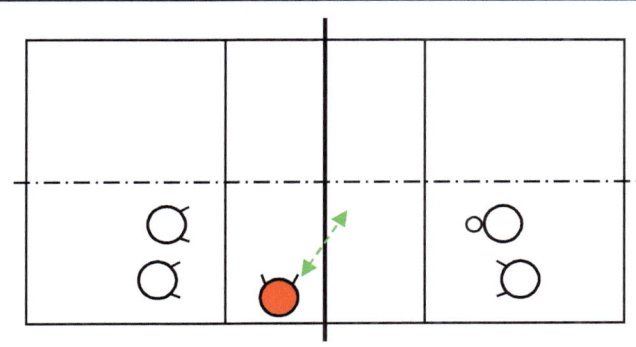

Zwei Teams spielen gegeneinander.
Der Zuspieler wechselt immer nach seinem Zuspiel die Feldhälfte, serviert somit beiden Teams und agiert aus der Bewegung heraus.

A) Teams spielen gezielte Bälle aufeinander.
B) Teams spielen miteinander (gezielte Bälle).

Einfache Läuferübung

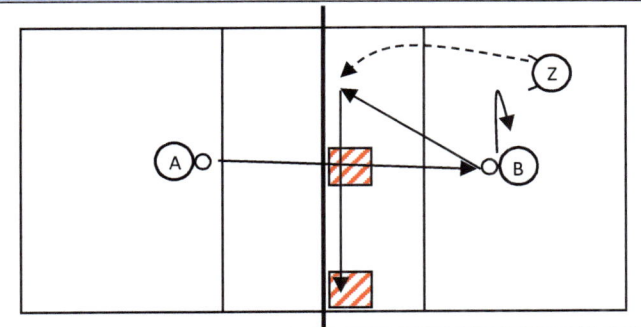

- Spieler A / Trainer spielt einen gezielten Ball auf Spieler B,
- Zuspieler (hier Läufer 1) läuft auf die Zuspielposition,
- B nimmt auf die Zuspielposition an,
- Zuspieler spielt den Ball auf ein Ziel.

Rundlauf mit Läufer

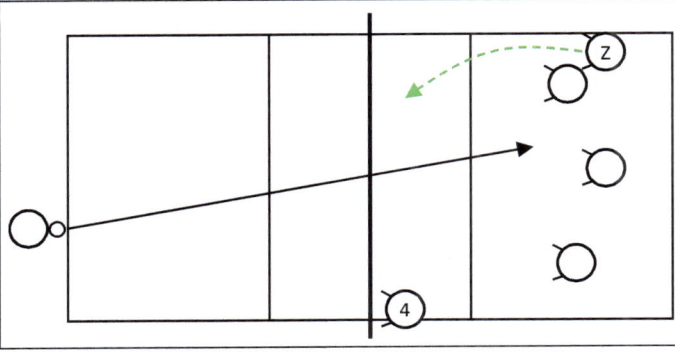

Angabe auf Annahmeriegel, Zuspieler (hier Läufer 1, soll variieren) läuft auf die Zuspielposition und spielt den Ball ein Ziel (hier Spieler 4).

Zuspiel aus der Bewegung, direkt zugeworfene Bälle

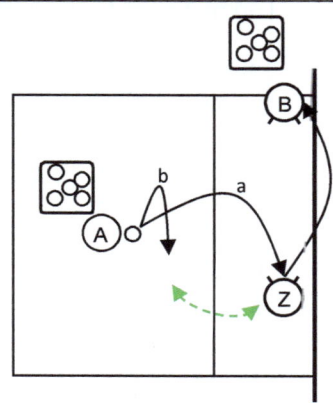

Spieler A wirft abwechselnd Bälle in sauberem Bogen auf Zuspieler (Z)
a) langer Ball auf die Zuspielposition am Netz
b) kurzer Ball in die Feldmitte (variabel)

Zuspieler erläuft die Bälle, dreht sich schnell in die Zuspielrichtung (B) und spielt den Ball auf die gewünschte Angriffsposition (hier Spieler B).

Variante:
Zuspieler spielt im Sprung zu.

Spielfluss – Zuspiel aus der Bewegung heraus

A) longline,

Angreifer von Außen (4) (und/oder Mitte (3))

Abwehr rechte Feldhälfte (1 und 6)

B) diagonal,

Angreifer von Außen (4) (und/oder Mitte (3))

Abwehr linke Feldhälfte (5 und 6)

Zuspiel aus der Bewegung, indirekt zugeworfene Bälle (schwerer einschätzbar)

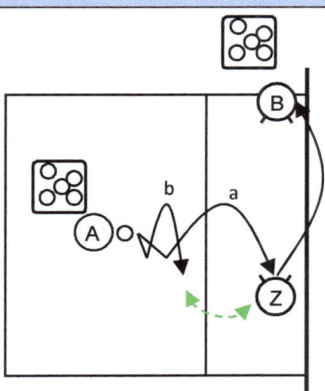

Spieler A wirft abwechselnd Bälle indirekt auf Zuspieler (Z)
(Diese Bälle sind schwerer einzuschätzen und somit spielnahe)
a) langer Ball auf die Zuspielposition am Netz
b) kurzer Ball in die Feldmitte (variabel)

Zuspieler erläuft die Bälle, dreht sich schnell in die Zuspielrichtung (B) und spielt den Ball auf die gewünschte Angriffsposition (hier Spieler B).

Variante:
Zuspieler spielt im Sprung zu

Zuspiel auf drei Angreifer nach Lauf

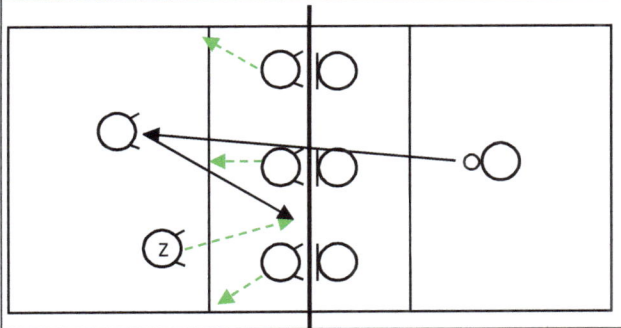

Nach einem Dankeball oder Smash läuft der Zuspieler auf die Zuspielposition und die Angreifer lösen sich vom Netz (spielnah).
Der Zuspieler hat alle drei Angriffsspieler am Netz zur Verfügung.
Angriff gegen Doppel-/Dreierblock und Blocksicherung.

Einschlagen nach Abwehrball

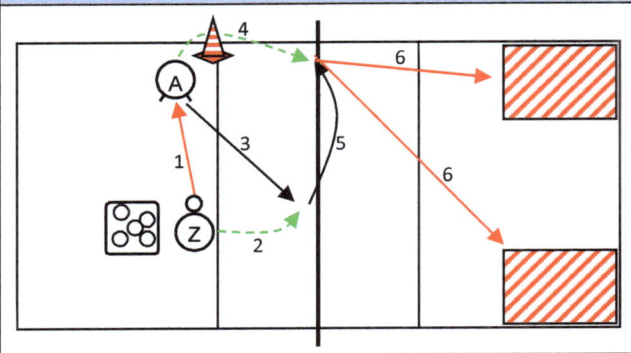

1) Zuspieler schlägt einen Ball auf Spieler A,
2) läuft dann sofort auf die Zuspielposition,
3) A wehrt auf Zuspielposition ab,
4) läuft sofort um den Pylon zum Angriff von der Außenposition
5) und greift nach Vorgabe longline oder diagonal an.

Zuspielertraining bei Feldabwehr diagonal

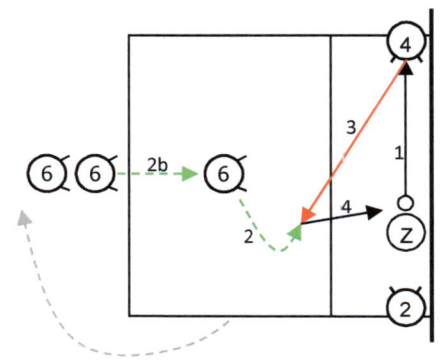

1) Zuspieler serviert auf Außen- (4) oder Diagonalangreifer (2) …
   hier: Außenangreifer (4),
2) Abwehrspieler (6) läuft auf die diagonale Abwehrposition …
   hier: Position 1 (rechts).
3) Angreifer schlagen einen gezielten Ball auf den Diagonalabwehrspieler,
4) dieser wehrt den Ball zum Zuspieler ab und schließt sich hinter den nachrückenden Abwehrspielern wieder an,
5) ff.

Spielübungsform für die Festigung des Läufersystem mit mehreren Spielzügen

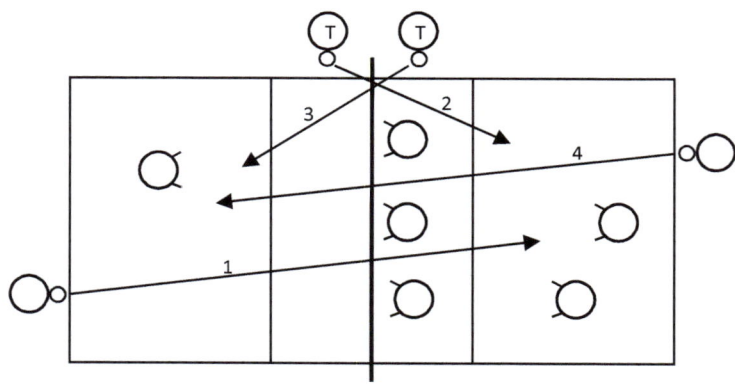

Bei dieser Übung werden 4 Spielzüge mit verschiedenen Einleitungen gespielt:
1) Angabe der „Restmannschaft" (hier linke Feldhälfte)
2) Dankeball oder Smash vom Trainer auf das komplette Team (hier rechte Feldhälfte)
3) Dankeball oder Smash vom Trainer auf das „Restteam"
4) Angabe der kompletten Mannschaft

Die Bälle werden immer ausgespielt, wodurch das Läufersystem, bei der kompletten Mannschaft, durch die verschiedenen Grundspielzüge K1 und K2 gefestigt wird.

Zuspiel nach Diagonalabwehr - erweitert

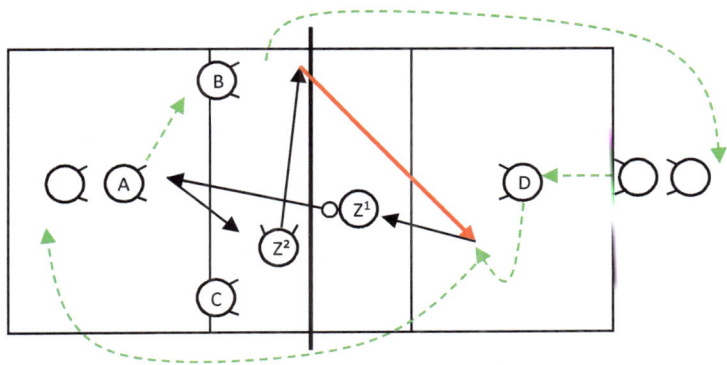

- Zuspieler 1 beginnt mit einem Zuspiel auf Spieler A,
- Spieler A nimmt den Ball auf seinen Zuspieler (Z^2) an und läuft danach auf die freiwerdende Angriffsposition (hier Position 4, Spieler B),
- Zuspieler spielt einen Ball auf die Angriffspositionen 4 oder 2 (hier 4, Spieler B),
- wodurch Spieler D auf der Abwehrseite diagonal zum Angreifer läuft (hier Abwehr links, Position 5),
- B greift den Ball diagonal auf D an und wechselt danach auf die Abwehrseite,
- D wehrt den Angriffsball auf Z^1 ab und wechselt danach auf die Angriffsseite,
- Zuspieler Z^1 macht das Spiel schnell und spielt auf den nachgerückten Spieler hinter A auf der Angriffsseite,
- ff.

Einschlagen vs. Doppelblock und Feldabwehr nach Dankeball

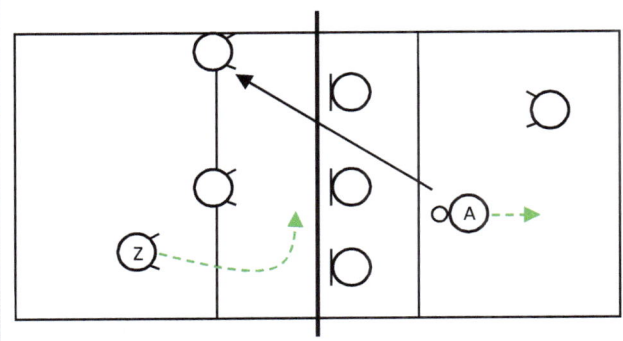

A serviert einen Ball auf die Angriffsspieler der Gegenseite und bewegt sich anschließend auf seine Abwehrposition im Hinterfeld. Der Zuspieler läuft auf seine Zuspielposition am Netz und serviert nach der Annahme den Angriffsspielern, beachtet dabei die Stellung des Blocks.

7-Spieler-Pepper

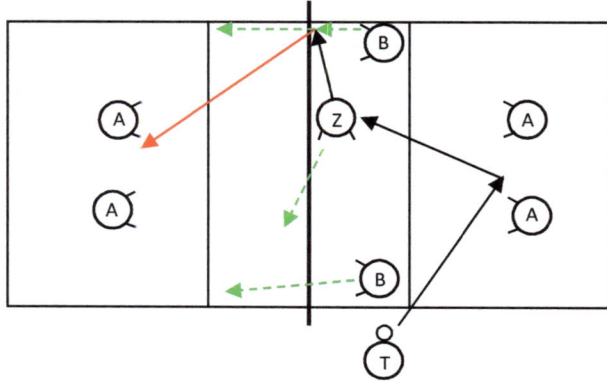

- Anspielball vom Trainer auf Abwehrspieler A,
- Annahme zum Zuspieler,
- Zuspiel auf Angriffsspieler B (Außen und Diagonal),
- Angriff auf Abwehrspieler A,
- danach laufen die Angreifer und der Zuspieler sofort auf die anderen Feldseite,
- ff.

Varianten:
a) Nach dem Angriff wechseln Zuspieler und beide Angreifer.
b) Nach dem Angriff wechseln nur Zuspieler und Spieler, der nicht angegriffen hat.

Zuspiel- und Abwehrübung auf eigener Feldhälfte

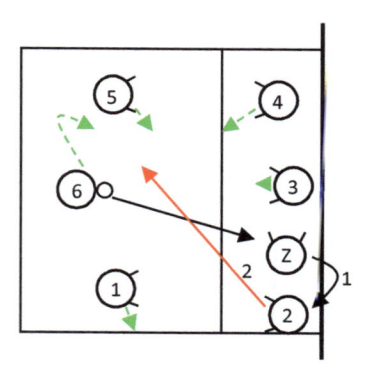

- **Abwehr immer auf Zuspieler (Z)**
- Zuspiel auf Positionen 2-3-4 möglich.
- Abwehrspieler (1-6-5) verschieben ihre Position gem. Abwehrpositionen bei dementsprechenden Angriff (hier wird ein Angriff über die Diagonalposition simuliert).
- Angriff von allen Positionen auf alle Positionen möglich (Netzspieler wehren kurze Bälle ab).
- Spieler bleiben immer in Bewegung. Nach der Abwehr bewegen sie sich sofort zur Ausgangsposition zurück.
- Nach ein paar Bällen wechseln alle im Wechselmodus, außer Zuspieler.

Zuspieltraining und Feldabwehr (Positionstraining)

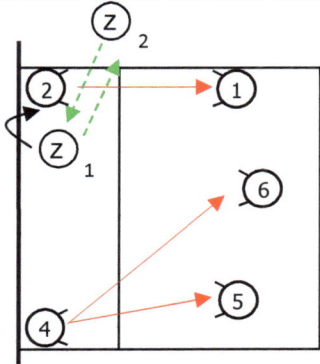

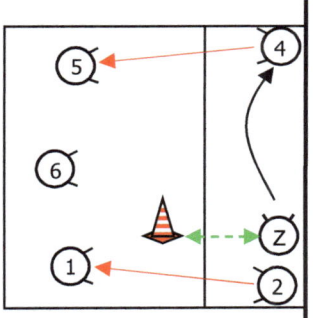

Oberes Feld ist konzipiert für 2 Zuspieler, das Untere für 1 Zuspieler.

Bei 2 Zuspielern spielt Zuspieler 1 Überkopfbälle (2) und Zuspieler 2 Bälle auf die Position 4.
Die Zuspieler wechseln nach Ansage des Trainers.

Bei 1 Zuspieler spielt dieser Bälle auf Ansage des Trainers auf die Außen- oder Diagonalposition. Nach dem Zuspiel bewegt sich der Zuspieler auf die Abwehrposition 1 (Stammposition im Hinterfeld, hier mit Pylon).

Die Angreifer spielen Bälle . .
- longline (einfach)
- auch auf Libero (mit Liberotraining)
- diagonal (schwer)

Diagonalangriffe mit Läufer und Einzelblock

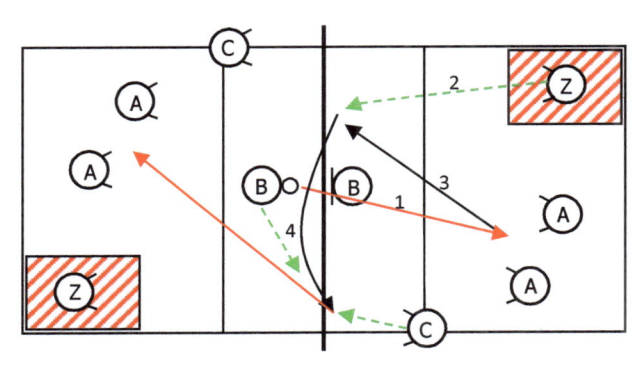

1) Dankeball oder Smash auf Abwehrspieler A (Diagonalabwehr, kann variieren),
2) Zuspieler läuft auf seine Zuspielposition,
3) Annahme auf Zuspieler,
4) Service auf Angriffsposition (hier Spieler C auf Außen),
5) Einzelblock blockiert in diesem Spiel den Zuspieler, also longline.

Zuspiel nach Abwehr

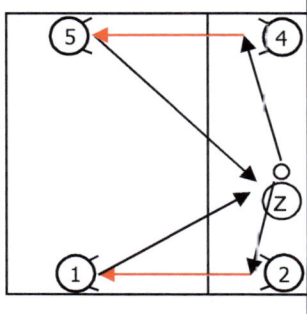

Zuspieler spielt auf Außenspieler 4, und Diagonalspieler 2 über Kopf.

Diese schlagen (je nach Niveau gezielt bis risikoreich) auf die Abwehrspieler 1 und 5.

Die Abwehr von Spieler 1 und 5 geht zurück zum Zuspieler.

Je risikoreicher angegriffen wird, desto anspruchsvoller wird die Übung für den Zuspieler.

Zuspielertraining mit Trainerkorrektur

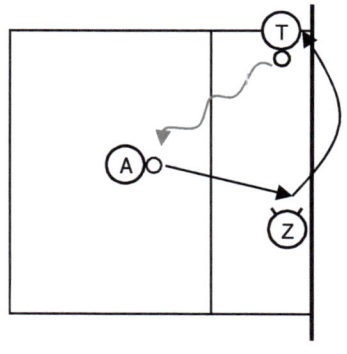

Spieler A spielt einen hohen Ball auf den Zuspieler (Z),

Zuspieler serviert auf die Position des Trainers (hier Position 4, Außen),

der Trainer rollt während des Anspiels von A einen zweiten Ball zu A,

korrigiert das Zuspiel und fordert verschiedene Zuspielvarianten.

ANGRIFF

Angriff und Abwehr festigen	
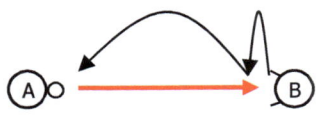	Spieler A schlägt auf Spieler B (leichter Drive bis kontrolliert hart), B wehrt den Ball auf eigene Position ab geht max. 1 Schritt nach und spielt A den Ball zurück, ff.

Einschlagen am Reck	
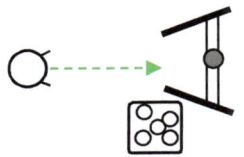	Training des Anlaufs und der Schlagtechnik. Der Ball liegt auf einer Zauberschnur (mind. 3x um zwei Reckstangen gewickelt und mit Karabiner gesichert) in Abschlaghöhe.

Angriffsübung mit Gymnastik- / kleinen Softbällen

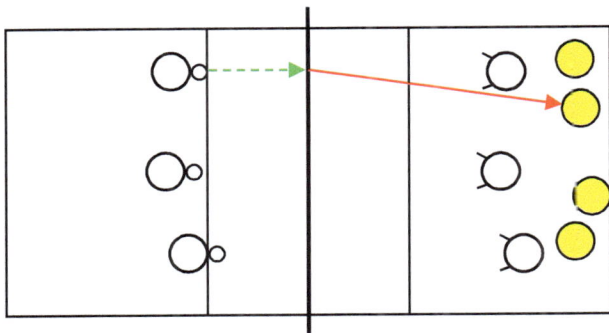

Ziel ist es durch gezielte Würfe, mit Gymnastik- oder kleinen Softbällen, Pezzybälle (hier gelb, oder ähnliche Ziele) abzuwerfen.
Hierbei laufen die Angreifer in ihrem gewohnten Angriffsanlauf an und ahmen durch die Würfe einen Angriffsschlag nach.

Variante:
Abwehrspieler versuchen das Abwerfen der Ziele zu verhindern.
Durch diese Übung kann das Stellungsspiel, vor allem in der Abwehr gezielt trainiert werden.

Sprungkraft im Angriff mit Gymnastikbällen	
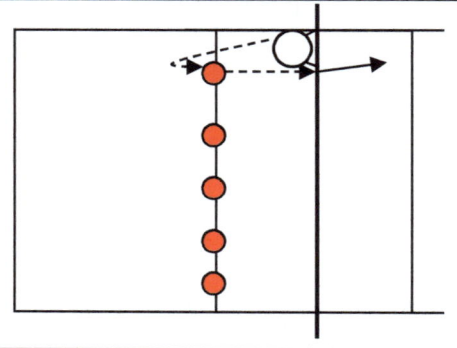	Spieler holt nacheinander die Gymnastikbälle (gut zu greifen) an der 3m-Linie, nimmt Anlauf zum Netz und simuliert den Angriff. Durch das Werfen der Gymnastikbälle kann das Abklappen der Schlaghand gefestigt werden.

Einzelpendel mit …	
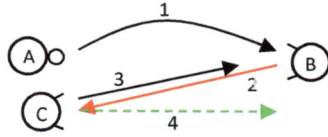	**A) Abwehr** 1) Spieler A spielt einen hohen Ball auf Spieler B (A und B bleiben auf ihren Positionen, 2) B schlägt einen Angriffsball (gezielt leicht bis hart) auf Spieler C, 3) dieser wehrt den Ball auf Spieler B zurück ab und 4) wechselt auf die Seite von Spieler B, 5) ff.
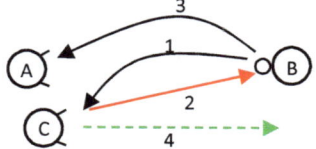	**B) Angriff** 1) Spieler B serviert Spieler C, 2) dieser schlägt einen Angriffsball zurück auf B und 3) wechselt die Seite zu B. 4) Der von Spieler B auf Spieler A abgewehrte Ball ist nun gleichzeitig der Service zum Angriff von A auf den die Seiten gewechselten Spieler C. 5) ff.

Einspielen zu dritt mit Zuspieler in der Mitte mit Positionswechsel

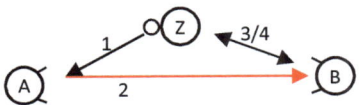

1) Zuspieler serviert auf Spieler A,
2) Spieler A schlägt den Ball auf Spieler B,
3) dieser nimmt auf den Zuspieler an,
4) Zuspieler serviert auf Spieler B,
5) ff.

3-m-Raum-Spielchen – Fehler raus

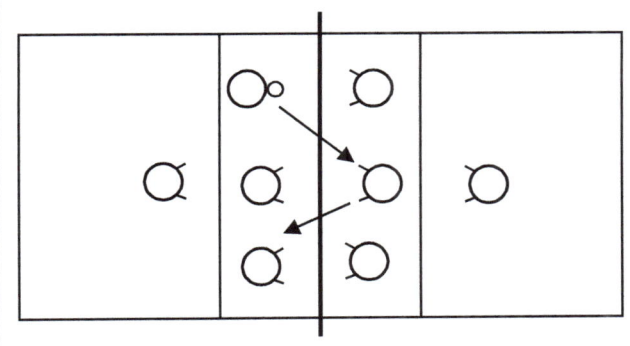

Zwei Teams spielen im Angriffsraum gegeneinander.
Der Spieler, der einen Fehler macht, verlässt das Spielfeld und stellt sich hinten wieder an.
Der Ersatzspieler, hinter dem Feld, füllt diese Lücke zackig auf.

Diagonalfeld-Spielchen

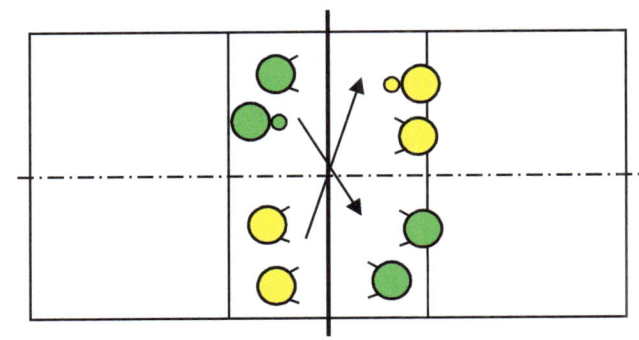

Hier spielen vier Teams gleichzeitig.
Angegriffen wird über Kreuz, um den Diagonalangriff zu festigen.
Im Bild spielen die gelben Teams gegeneinander und die Grünen.

Einschlagen mit Angriffssicherung

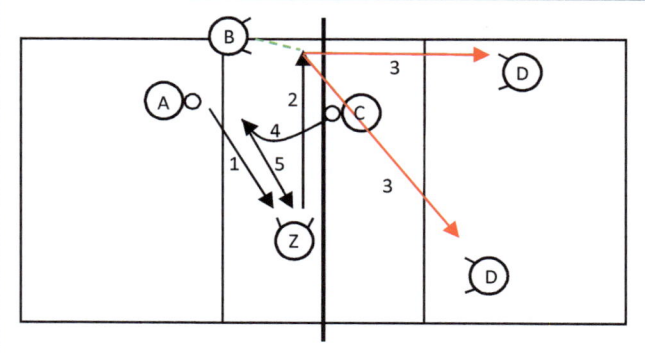

1) Spieler A spielt einen Ball auf den Zuspieler an und bewegt sich anschließend auf die Angriffssicherung.
2) Z serviert auf Spieler B,
3) dieser greift diagonal oder longline an (Abwehrspieler D sind optional).
4) Mit dem Angriffsball von B wirft Spieler C einen Ball in die Angriffssicherungszone.
5) Angriffssicherung auf Z.

Dankeball schnell und effektiv verwerten

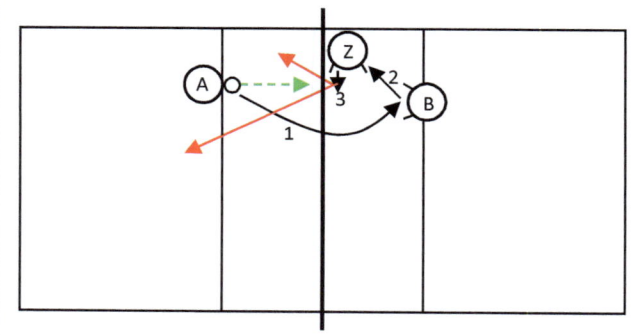

1) Spieler A wirft einen Dankeball auf Spieler B und läuft sofort ans Netz zum Block.
2) A nimmt auf den Zuspieler an und
3) greift einen schnell gespielten Ball gegen Block A an. (Lob, Schlag, ...)

Einschlagen aus der Hand am Netz

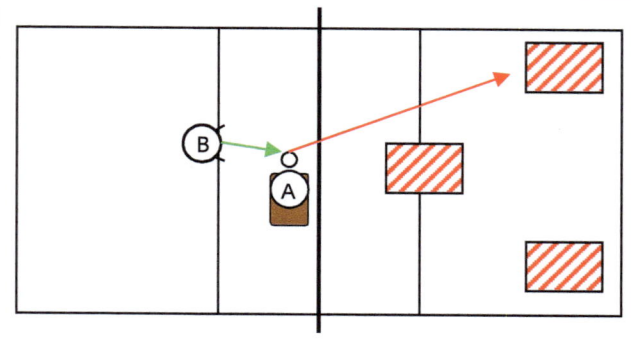

Ein Spieler, auf einem kleinen Kästchen, hält den Ball an die Netzkante (Abschlagpunkt). Angriffsspieler laufen an und schlagen den Ball aus der Hand, hier von A, auf vorgegebene Ziele.
(Liegt der Ball auf Daumen, Mittel- und Zeigefinger, kann mit etwas Übung ohne Bedenken geschlagen werden!)

Rundlauf, einfach … rechts / links herum

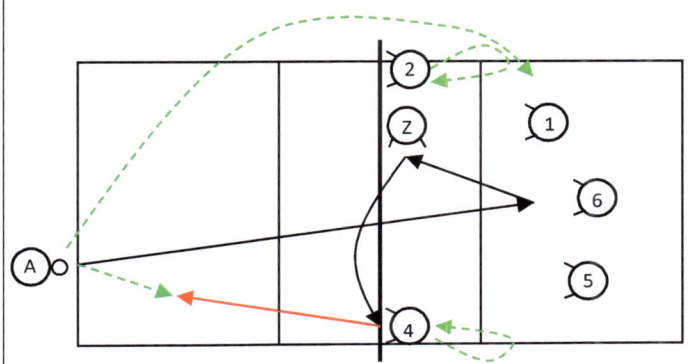

Rundlauf, da die Spieler nach einem oder mehreren Bällen eine Position weiter wechseln, hier links herum – im Uhrzeigersinn.

Angabespieler serviert und läuft danach sofort auf eine Position im eigenen Feld, als Angriffsziel für die Angriffsspieler 4 und 2.

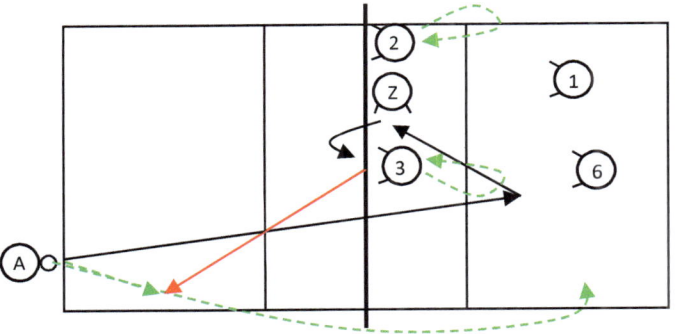

Rundlauf rechts herum, gegen den Uhrzeigersinn.

Annahmespieler können variieren von 1 – 4 Annahmespieler, je nach Annahmephilosophie und Übungsintensität.

Angreiferanzahl kann ebenfalls variieren.

Rundlauf-Varianten

- Anzahl der Annahmespieler variiert
- Angreifer von nur einer oder mehreren Positionen

- Wechsel nach einem oder mehreren Bällen pro Position
- Wechsel nach einem Ball plus einem oder mehreren Zusatzbällen, eingeworfen durch den Trainer auf die Annahmeseite

- Übung mit Läufer im Zuspiel
- Rechts herum: Angreifer von der Position 2
- Links herum: Angreifer von der Position 4 oder 3

Volley-Völker-Ball

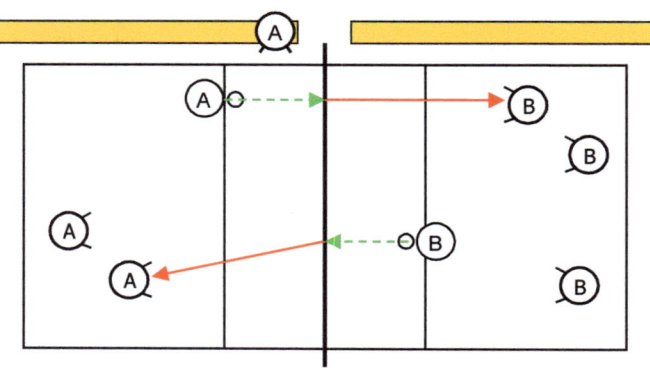

Ziel ist es, wie beim bekannten Völkerball gegnerische Spieler abzuwerfen. Der einzige Unterschied zum Völkerball ist das Volleyballnetz, in der vorgeschriebenen Netzhöhe als Trennung der beiden Felder.
Als Bälle eignen sich Gymnastik- oder kleine Softbälle, die gut gegriffen werden können. „Angegriffen" werden kann von allen Positionen aus, lediglich der 3-Schritte-Anlauf sollte beibehalten werden.
Getroffene Spieler begeben sich auf die Bank an der Seitenlinie und können wieder auf das Feld zurück, sobald ein eigener Mitspieler einen „Angriffsball" sicher fängt. Wieder aktiviert werden die Spieler nach der Reihenfolge auf der Bank: wer zuerst abgetroffen wurde, darf wieder zuerst auf das Spielfeld zurück.

Einschlagen vs. Block (optional mit Abwehrspieler)

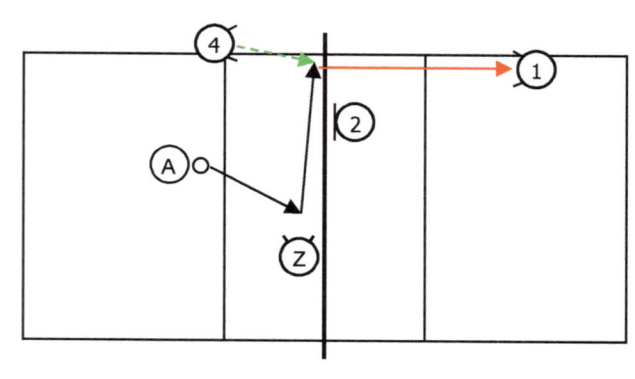

- Externes Anspiel, hier von Spieler A, auf Zuspieler.
- Z serviert auf Angreifer, hier Spieler 4,
- Angreifer greift gegen Blockspieler, hier 2, an.
- Je nach Vorgabe und Blocksystem (Linien- oder Diagonalblock) wird diagonal oder longline geschlagen.

Einschlagen vs. Doppelblock (optional mit Abwehrspieler)

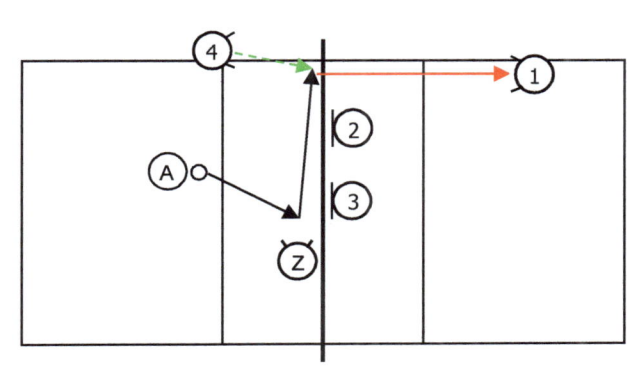

- Externes Anspiel, hier von Spieler A, auf Zuspieler.
- Z serviert auf Angreifer, hier Spieler 4.
- Angreifer greift gegen 2 Blockspieler, hier 2 und 3, an.
- Je nach Vorgabe und Blocksystem (Linienblock oder Diagonalblock) wird diagonal oder longline geschlagen.

WASH 2:1 – komplettes Team vs. Rest (Spielvariante)

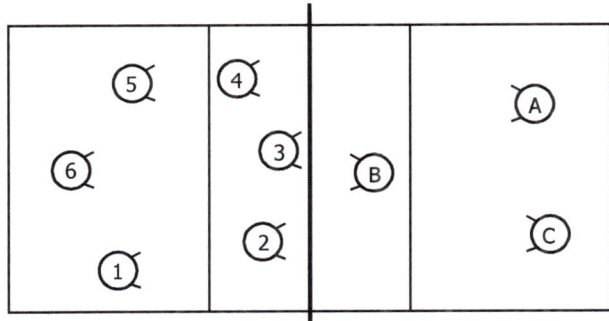

Ziel für das komplette Team, hier 1-6, ist es zwei (optional auch mehrere) Bälle direkt nacheinander zu verwerten, um einen Punkt zu erhalten.
WASH bedeutet, das gegnerische Team, hier A-C, neutralisiert nach einem Zähler für Team 1-6 deren Punkt durch einen eigenen Ballgewinn. Team A-C benötigt lediglich einen Versuch, um einen Punkt zu erhalten.
(Vergleich: alte Zählweise, bevor der Rally Point eingeführt wurde. Nur die angebende Mannschaft konnte punkten)

Spielfluss – Zuspiel aus der Bewegung heraus

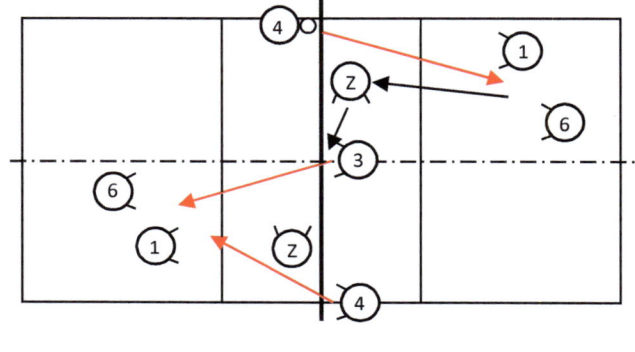

A) longline,

Angreifer von Außen (4) (und/oder Mitte (3))

Abwehr rechte Feldhälfte (1 und 6)

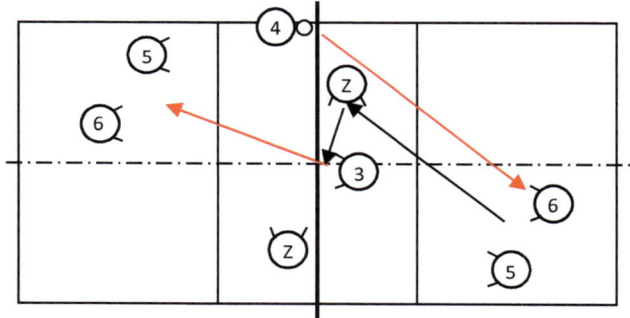

B) diagonal,

Angreifer von Außen (4) (und/oder Mitte (3))

Abwehr linke Feldhälfte (5 und 6)

Einschlagen vs. Feldabwehr nach Annahme

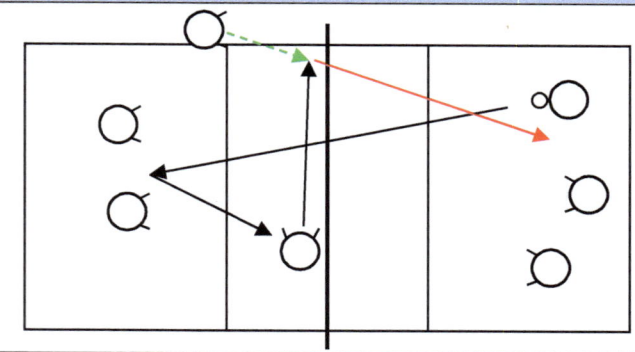

Angriffsspieler greifen den nach einer Annahme zugespielten Ball gegen Abwehrspieler an.

Laufspiel 1-5-3 + Gegenangriff

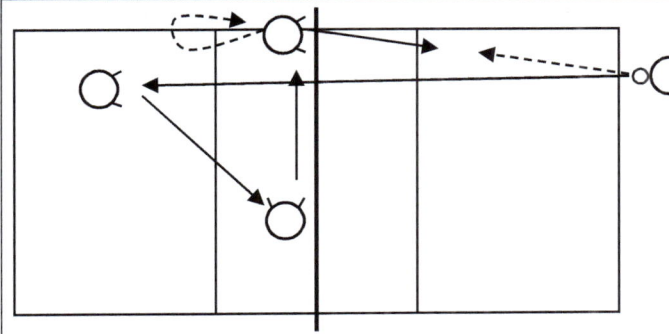

Erweiterung zu einer in mittleren Ligen bekannten Annahmeübung an Spieltagen: Angabe – Annahme – Ball auf Zuspielposition fangen: Ballweg = Laufweg.

Erweiterung durch einen Spieler, der den nun zugespielten Ball auf den Angabespieler angreift.

Rundlauf 1-5-3 mit Läufer (Z) und Gegenangriff

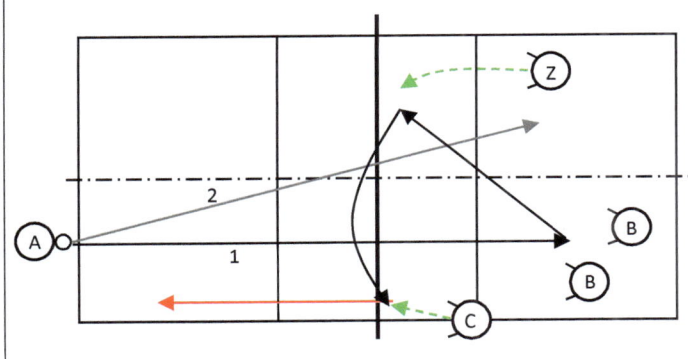

Gezielte Angaben von Spieler A auf Spieler B
(1-2 Annahmespieler)

1) longline
2) diagonal

mit gezielten und Risikoangaben.

Zuspieler (Z) läuft von Position 1/6 auf die Zuspielposition und bedient Angriffsspieler C.

Side-out – Angreifen nach Annahme

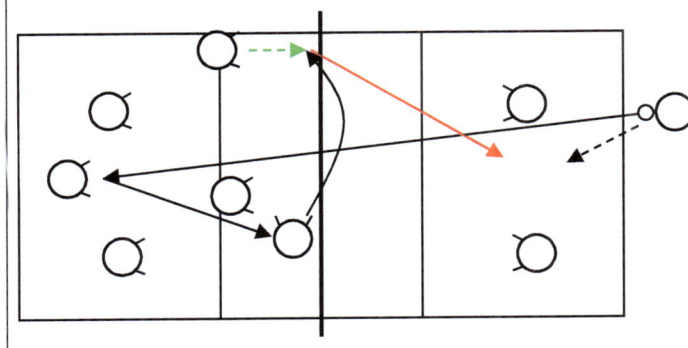

Eine Erweiterung zur Angabe vs. Annahme ist der gezielte Gegenangriff nach der Annahme (Sideout).

Einschlagen nach Abwehrball

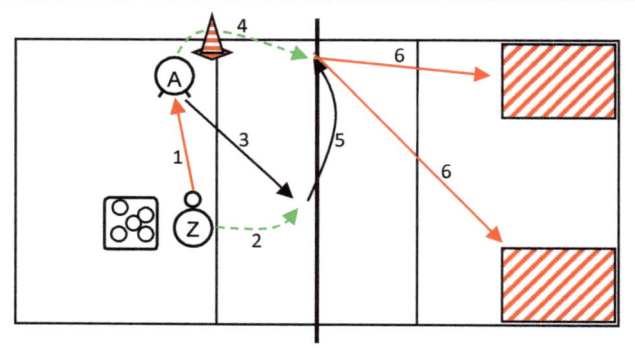

1) Zuspieler schlägt einen Ball auf Spieler A,
2) läuft dann sofort auf die Zuspielposition,
3) A wehrt auf Zuspielposition ab,
4) läuft sofort um den Pylon zum Angriff von der Außenposition und
5) greift nach Vorgabe longline oder diagonal an.

Einschlagen vs. Team nach KombiÜbung

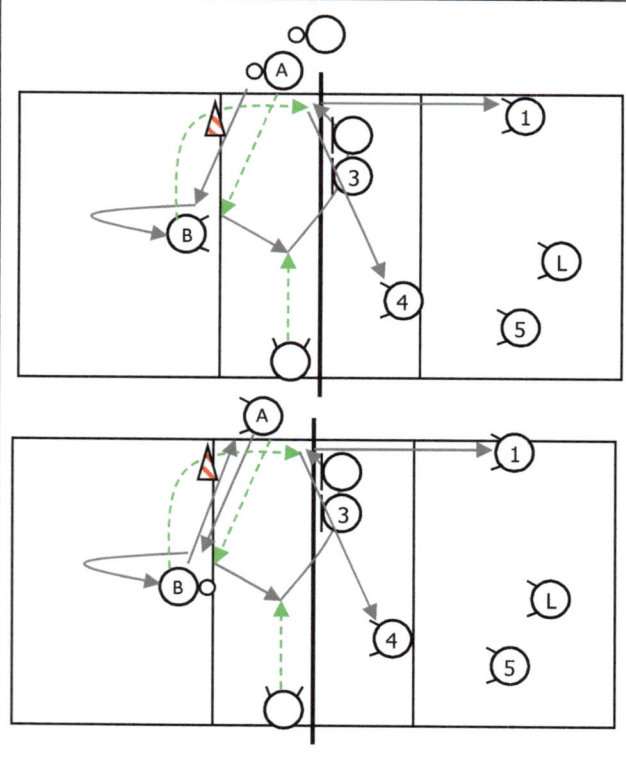

- Spieler A spielt einen hohen Ball auf Spieler B und läuft seinem Ballweg nach zu Spieler B,
- Spieler B spielt den Ball senkrecht nach oben und läuft zum Anlauf um das Hütchen (hier Position 4),
- Spieler A spielt den Ball zum Zuspieler,
- der Zuspieler serviert dem Angreifer (Spieler B).

- Spieler B schlägt einen kontrollierten Ball auf Spieler A
…
- weiterer Verlauf der Übung s.o.

Königsspiel mit drei Gruppen

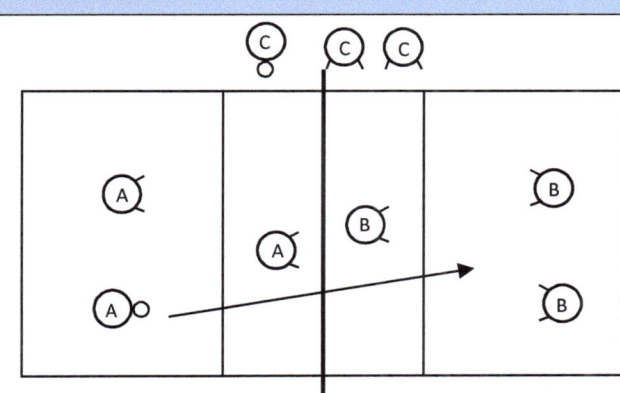

- Gruppe A spiel hier zunächst gegen Gruppe B.
- Die Mannschaft, die einen Fehler macht, verlässt schnellstmöglich das Feld,
- Team C rückt in das freie Feld und bringt den neuen Ball ins Spiel.

Variante
Gruppenzusammenstellungen wechseln nach 10 Punkten

Rückraumspiel 2 vs. 2

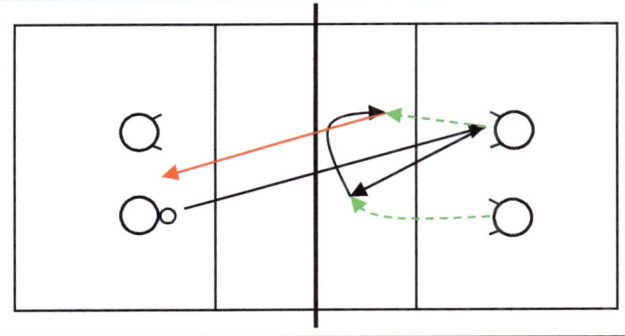

Rückraumspiele trainieren hervorragend die Schlag- und Sprungkraft. Außerdem Annahme, Abwehr und das Spielverständnis.

Angriff nach Dankeball vs. Block und Feldabwehr

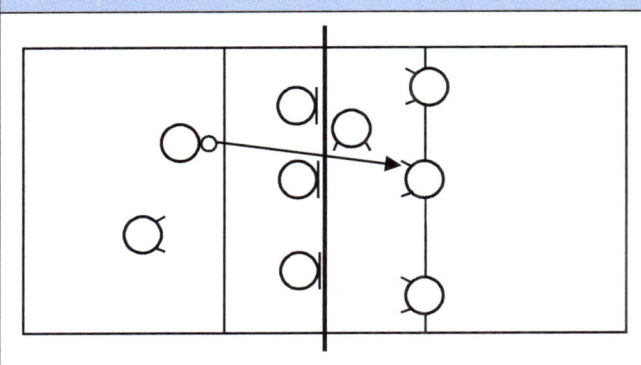

- Die Übung wird mit einem Dankeball auf die Angriffsspieler eröffnet.
- Der Zuspieler kann mehrere Angreifer in Szene setzen.
- Angegriffen wird hier gegen drei Spieler am Netz und Abwehrspieler.

Einschlagen mit Folgeaufgaben – Konzentration aufrecht halten

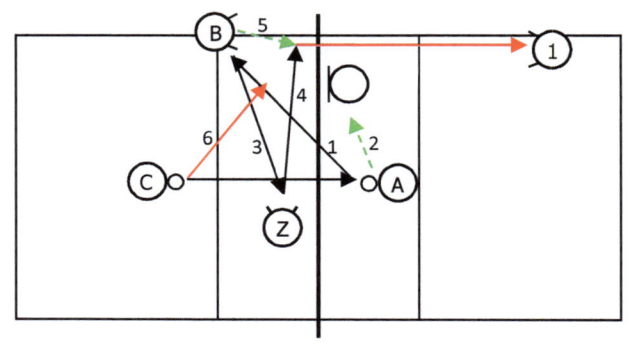

1) Spieler A spielt einen Ball auf den Angriffsspieler B und
2) läuft sofort zum Block gegen B ans Netz.
3) Spieler B nimmt auf den Zuspieler (Z) an,
4) Zuspiel, hier auf Position 4 (Außen),
5) Angriff durch Spieler B, hier longline auf Abwehrspieler 1.
6) Sofort nach dem Angriff spielt Spieler C einen zweiten Ball auf den Angriffsspieler.

3-m-Raum-Spielchen – Angreifer raus

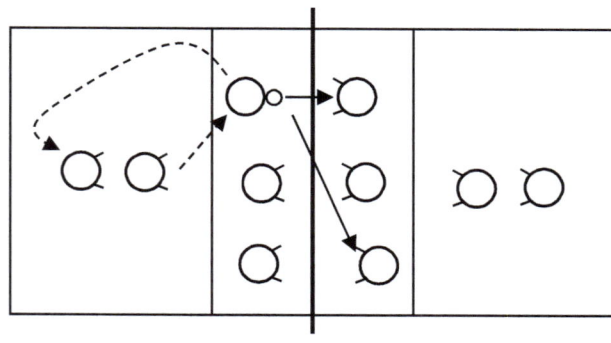

Zwei Teams spiele gegeneinander im 3-m-Raum.
Der Spieler, der den Ball über das Netz spielt, wechselt nach hinten aus dem Spielfeld.
Ein Nachrücker muss so schnell wie möglich diese Lücke füllen.
Durch keine Bindung an ein 3-Ball-Kontakt-Spiel wird das Spiel sehr schnell.
Lücken erkennen und nutzen!

Angriffssicherung – große Matte als Blocksimulation

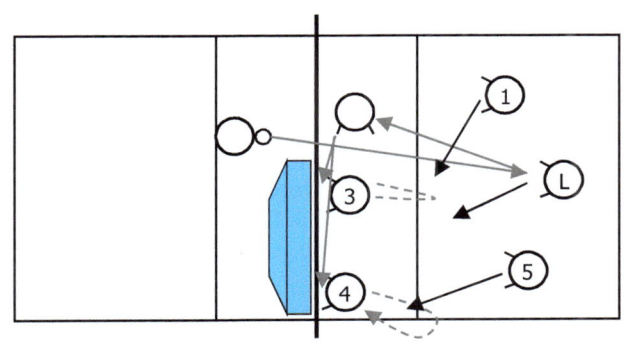

Hier wird der Ball durch die Angriffsspieler 3 und 4 gegen die große Matte geschlagen.
Die Angriffssicherung muss schnell auf Position sein, um den abprallenden Ball zu sichern.

Variante
Zweiter Angriff nach erfolgreicher Sicherung.

7-Spieler-Pepper

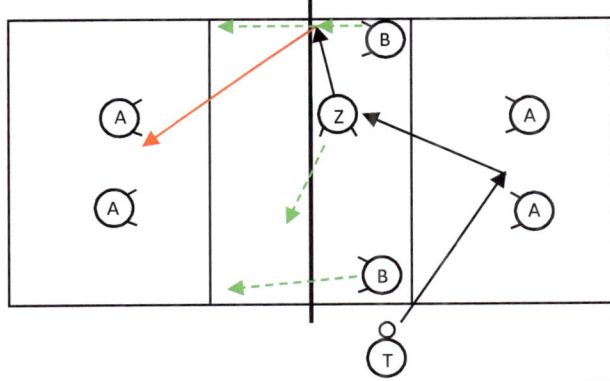

- Anspielball vom Trainer auf Abwehrspieler A,
- Annahme zum Zuspiel,
- Zuspiel auf Angriffsspieler B (Außen und Diagonal),
- Angriff auf Abwehrspieler A,
- danach laufen die Angreifer und der Zuspieler sofort auf die andere Feldseite,
- ff.

Varianten
a) Nach dem Angriff wechseln Zuspieler und beide Angreifer.
b) Nach Angriff wechseln nur Zuspieler und der Spieler, der nicht angegriffen hat.

Kurz angeworfener Ball

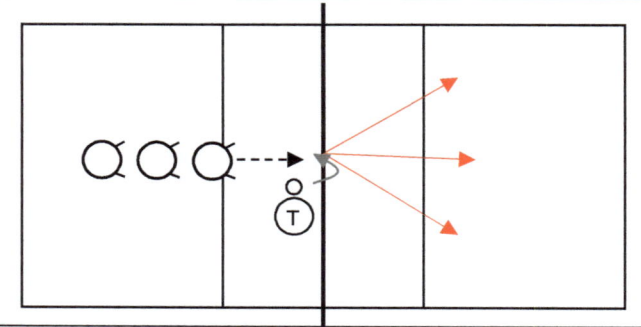

Trainer oder Spieler wirft den Ball für ein schnelles Tempo an (Höhe kann variieren):

Anlauftempo und Schlagrichtung werden trainiert, sowie Technik für das schnelle Tempo.

Sideout (individuell)

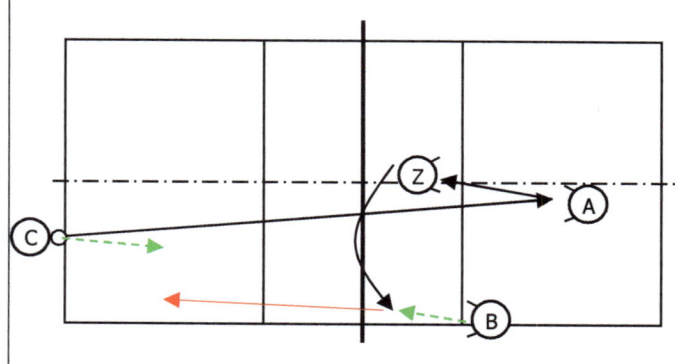

- Spieler C serviert und läuft ins Feld,
- Annahme von Spieler A oder auch B,
- Angriff von Spieler B ins Halbfeld,
- Spieler C versucht den Ball zu berühren.

- B greift so lange an, bis er 7 direkte Angriffspunkte erreicht (ohne Berührung des Abwehrspielers C).

Finde die Lücke

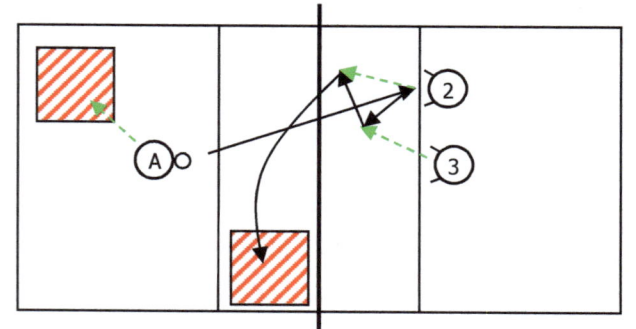

- Spieler A spielt den Ball auf zwei Spieler an und läuft danach auf eine der markierten Flächen.
- Hier nimmt Spieler 2 an, somit läuft Spieler 3 zum Zuspiel ans Netz.
- Der Angriffsspieler (2) muss Spieler A im Auge behalten und auf die freie Fläche angreifen.

Komplexübung: Dankeball-Zuspiel-Angriff (m./o. Läufer) ... kurzer Ball

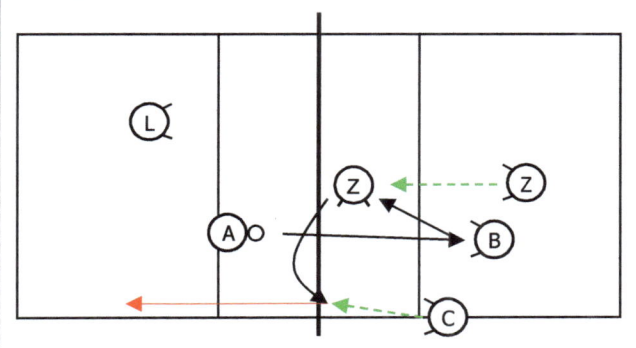

- Spieler A bringt den Ball auf Spieler B ins Spiel,
- B nimmt den Ball auf Läufer Z (hier Position 3, Mitte) an (optional: ohne Läufer),
- Zuspiel auf Position 4,
- Angriff von Spieler C (optional auf Libero).

Komplexübung: Dankeball-Zuspiel-Angriff (m./o. Läufer) ... langer Ball

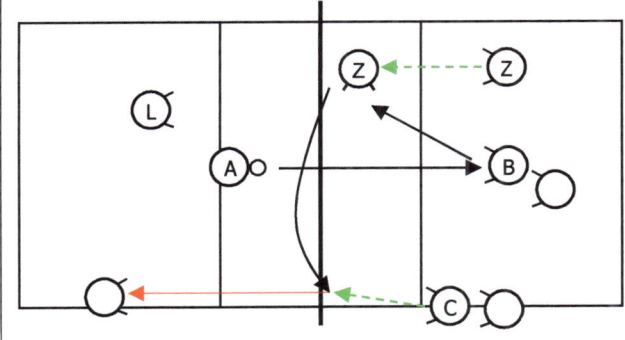

- Spieler A spielt den Ball auf Spieler B,
- B nimmt den Ball auf Zuspieler Z an (optional: Z = Läufer),
- Zuspiel auf Position 4,
- Angriff von Spieler C (optional auf Libero).

Komplexübung: Dankeball-Zuspiel-Angriff (m./o. Läufer) ... Ball über Kopf

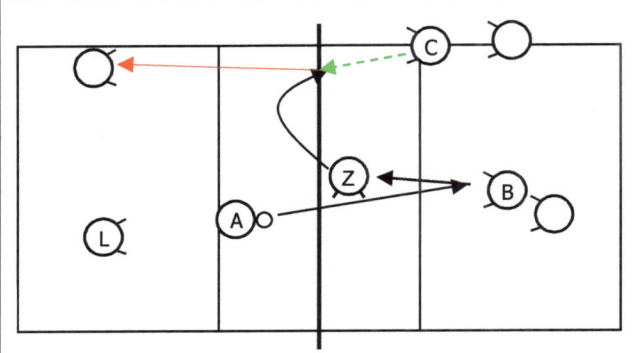

- Spieler A bringt den Ball auf Spieler B ins Spiel,
- B nimmt den Ball auf Zuspieler (Position 3, Mitte) an (optional: Z = Läufer)
- Zuspiel über Kopf auf Position 2 (weiter Ball über Kopf),
- Angriff von C (optional auf Libero).

Den Angreifer fordern

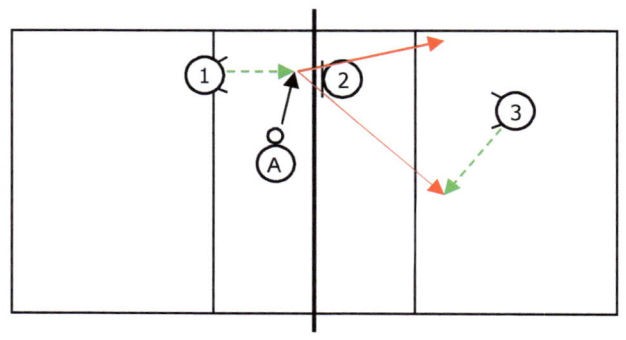

- Spieler A wirft Bälle variabel (Höhe, Weite) an,
- Spieler 1 greift diese gegen Block (2) an:

a) entgegen des Feldabwehrspielers 3
b) oder auf diesen.

Feldabwehrspieler 3 läuft aus Blockschatten heraus (longline oder diagonal).

4:4 mit Zuspiel – Angriff diagonal

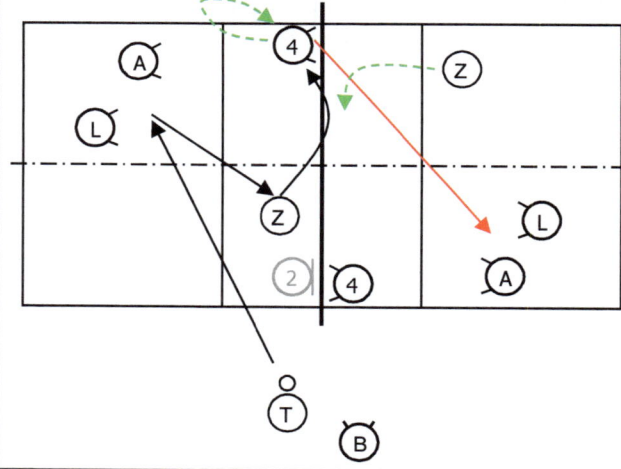

ca. 4-8 Ballwechsel
- Trainer spielt den ersten Ball auf eine Abwehrreihe (hier L/A),
- Annahme auf Zuspieler,
- Zuspiel auf Angriffsspieler (hier 4),
- Diagonalangriff auf Abwehr (hier L/A).
- Spielfluss (gezielt) oder
- Punkten (in die Lücken).
- Spieler B wartet beim Trainer = Reflexion (Puffer).

Variante
- Blockspieler (hier 2) blockiert longline
- Zuspielerblock
- Zuspieler läuft von Pos. 1

Positionswechsel im Uhrzeigersinn
Linke Feldhälfte: Puffer – Abwehr (A) – Angriff (4)
Rechte Feldhälfte: Angriff (von links) – Abwehr (A) – Angriff (4) – Puffer

Ball-Kontrolle mit Libero

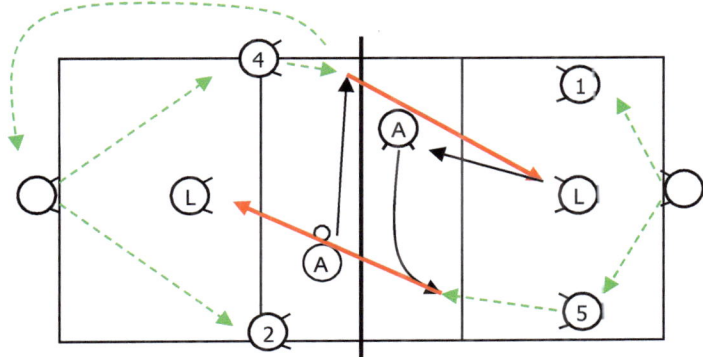

Angriff über die Positionen 4 oder 2 und aus dem Rückraum von den Positionen 1 oder 5 (= A/C), gezielt auf die Abwehrspieler der Gegenseite.
Nach einem oder mehreren Angriffen wechseln die Angreifer mit Spielern auf der hinteren Warteposition, natürlich nur wenn genügend Spieler zur Verfügung stehen.

Abwehr durch Libero oder Abwehrspieler
Variante: 2 Abwehrspieler
(Bei Rückraumangriff können auch die Angreifer als Abwehrspieler fungieren)

Libero / Abwehrspieler können auch anders positioniert und so der Angriff variabel trainiert werden.

Drehschlag – Angriff entgegen der Anlaufrichtung

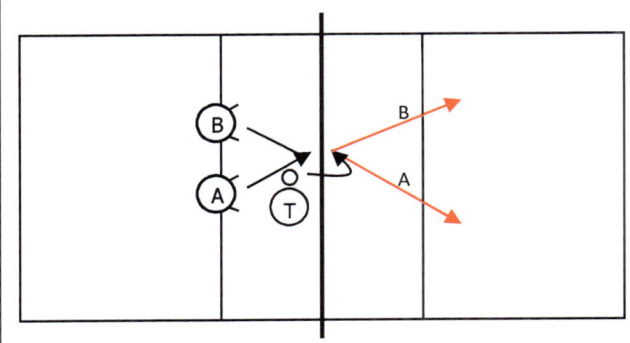

T wirft Meter-Bälle an,
Spieler A/B laufen schräg an und schlagen den Ball entgegen ihrer Anlaufrichtung.

Diagonales Feldzuspiel

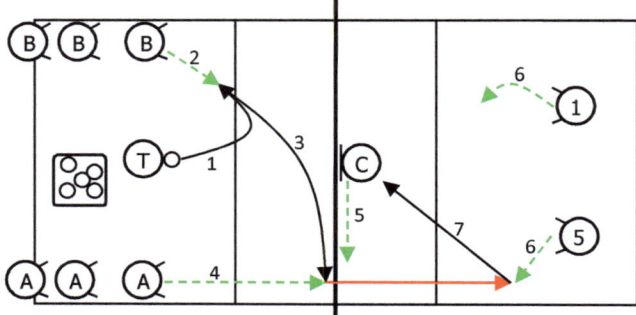

1) Trainer spielt einen Ball nach <u>links (B)</u> oder rechts (A) an (Simulation: Feldzuspiel von Position 5 oder 1),
2) <u>Spieler B</u> läuft zum Ball und
3) spielt (hier) auf die Diagonal-Angriffsposition zu,
4) Spieler A läuft von seiner Anlauflinie (variiert je nach Spieler) an,
5) Blockspieler C orientiert sich je nach Spielsystem (longline offen oder zu),
6) dementsprechend orientieren sich die Abwehrspieler (hier 1 und 5) und
7) wehren den Ball auf den Blockspieler ab, dieser fängt den Ball.

Variante
Übung mit zwei Blockspielern

Spielfluss – Abwehr-Zuspiel-Angriff

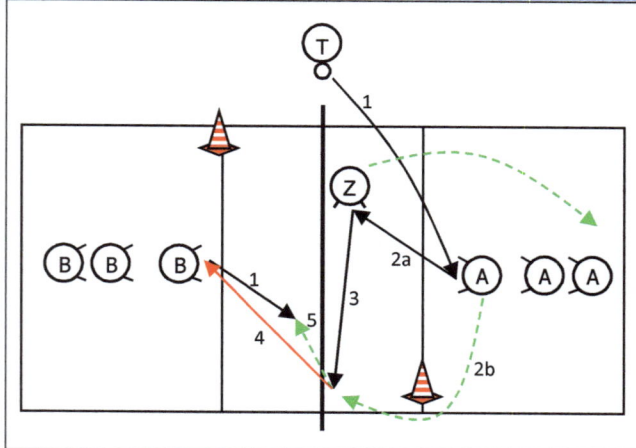

1) Trainer bringt den Ball ins Spiel auf Abwehr (A),
2) …
   a) Annahme auf Zuspielposition
   b) Spieler A läuft nach Annahme/Abwehr sofort auf die Angriffsposition
3) Zuspiel auf Außen,
4) Angriff von Spieler A auf Abwehrspieler B,
5) Spieler A läuft sofort nach seinem Angriff auf die andere Seite und wird zum Zuspieler,
6) ff.

Angriffstraining vs. Doppelblock

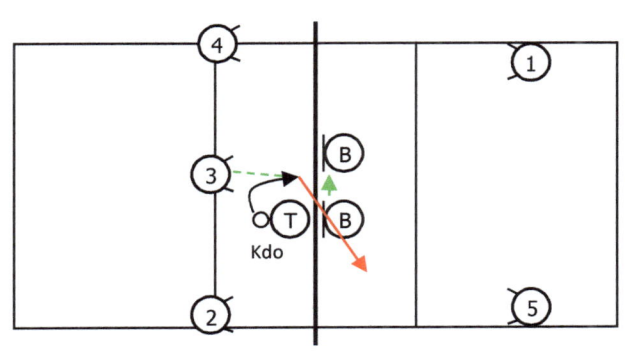

Nach einem Kommando (auf Ball klatschen) wirft der Trainer einen Ball auf einen Angreifer (hier 3) an. Dieser muss am Block vorbei schlagen.
Abwehrspieler 1 und 5 sind Ziel für den Angriff und wehren den Ball ab.

Die Blockspieler (B) müssen reagieren und den Block erlaufen.

Angriffstraining nach Blocksimulation und Annahme/Abwehr

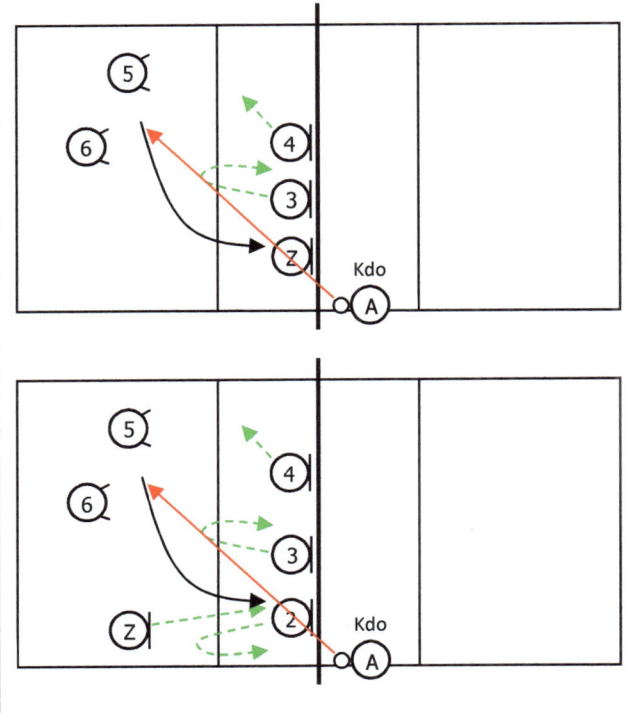

Spieler A gibt ein Kommando (auf Ball klatschen).
Spieler 4 löst sich sofort in die Blocksicherung.
Zuspieler (Z) und Mittelblocker (3) simulieren einen Block (Sprung).
Spieler A wirft den Ball auf die Abwehrspieler 5 und 6.
Mittelblocker (3) und Außenangreifer (4) bewegen sich auf ihre Angriffspositionen und greifen den zugespielten Ball nach der Abwehr an.

Varianten
- Spieler A schlägt den Ball
- Übung mit Läufer und Diagonalangreifer (2)

Angriffsübung: Überkopf-Angriff nach Abwehr

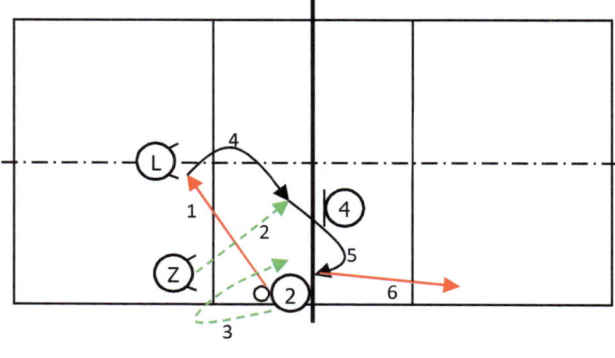

1) Spieler 2 schlägt einen Ball auf einen Abwehrspieler (hier L),
2) Zuspieler/Läufer läuft auf die Zuspielposition,
3) Spieler 2 löst sich vom Netz zum Gegenangriff,
4) Abwehrspieler wehrt auf die zu Zuspielposition ab,
5) Zuspiel über Kopf,
6) Spieler 2 greift gegen einen Blockspieler (hier 4) an.

Variante 2
Angriff gegen 2 Blockspieler und Abwehrspieler
Variante 3
Zusätzlicher Angreifer auf Position 3 (Mitte)
Variante 4
Nach erfolgreicher Abwehr durch Abwehrspieler (hier L und 6) Gegenangriff durch die Blockspieler 3 und 4.

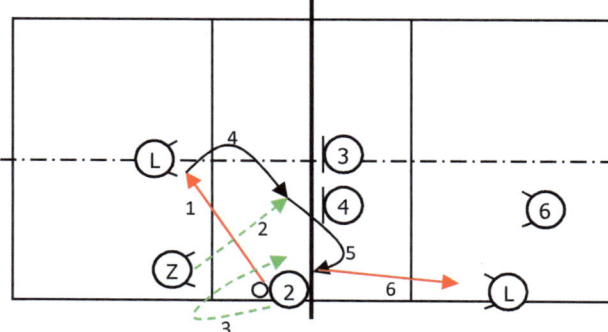

Diagonalangriffe vs. Abwehrspieler nach Annahme/Abwehr

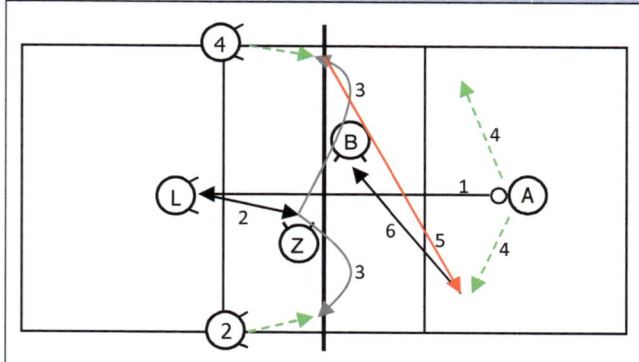

1) Spieler A bringt den Ball auf Spieler L ins Spiel,
2) Annahme auf Zuspieler,
3) Zuspieler serviert Spieler 4 oder 2 (hier 4),
4) Spieler A bewegt sich in die Diagonale zum zugespielten Ball (hier Position 5),
5) Diagonalangriff durch Angriffsspieler,
6) Abwehr (A) auf Zuspielposition (B).

Diagonalangriffe vs. Libero nach Annahme/Abwehr

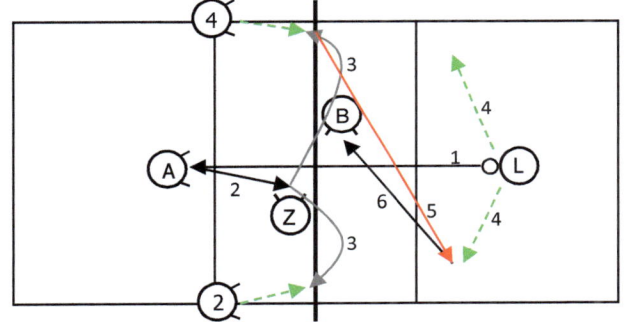

1) Libero (L) bringt den Ball auf Spieler A ins Spiel,
2) Annahme auf Zuspieler,
3) Zuspieler serviert Spieler 4 oder 2 (hier 4),
4) Libero bewegt sich in die Diagonale zum zugespielten Ball (hier Position 5),
5) Diagonalangriff durch Angriffsspieler,
6) Abwehr durch Libero auf Zuspielposition (B).

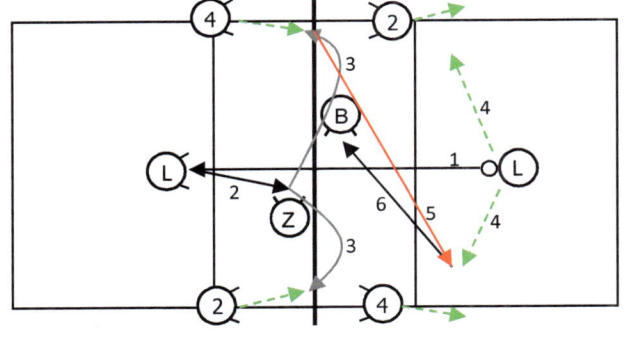

Erweiterung der Übung auf beide Feldseiten:
- Mit zwei Liberos oder Annahmespielern.
- Angreifer (2 und 4) auf der Abwehrseite lösen sich mit dem gegnerischen Angriff vom Netz oder
- stellen mit oder ohne Zuspieler einen Block.

Rückraumangriff mit Positionswechsel

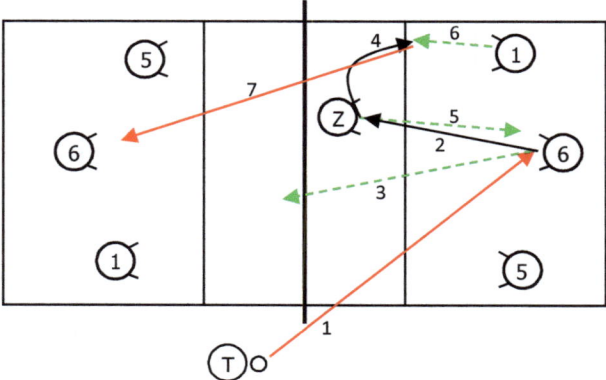

1) Übungsbeginn durch einen Trainerball,
2) Annahme durch Abwehrspieler (hier 6) auf die Zuspielposition,
3) Abwehrspieler läuft sofort nach der Abwehraktion auf die Zuspielposition der Gegenseite,
4) Zuspiel auf Rückraumspieler (1-6-5),
5) zuspielender Spieler läuft auf die Position des Annahmespielers und wird zum Abwehrspieler,
6) Rückraumangriff,
7) ff.

BLOCK

1-2 am Netz nach Dankeball

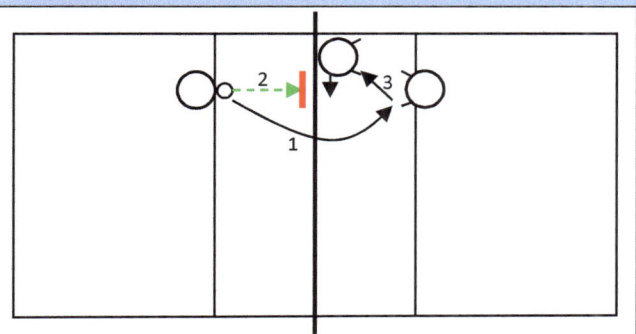

1) Spieler A bringt einen Dankeball auf Spieler B ins Spiel und
2) begibt sich sofort ans Netz zum Block,
3) Spieler B nimmt auf Spieler C an,
4) Service von C für B,
5) An blockt den Angriff.

Block und Selbstsicherung

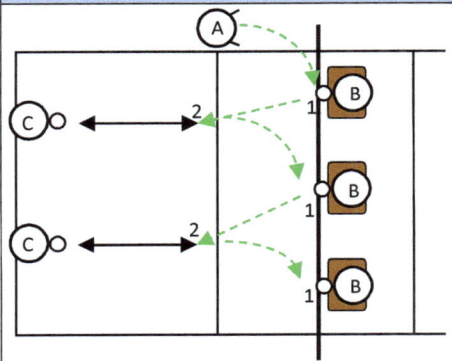

Spieler A bewegt sich am Netz zu den Spielern B, die mit je einem Ball auf einer Erhöhung stehen und den Ball über die Netzkante halten. Hier blockt Spieler A aktiv (mit Druck gegen den Ball). Nach dem ersten und zweiten Block dreht sich A schnell um und bekommt von den Spielern C einen Ball serviert, den A abwehren muss.

3 Blockrunden in der **Rechts**bewegung
3 Blockrunden in der **Links**bewegung

Blocksprünge mit Medizinball

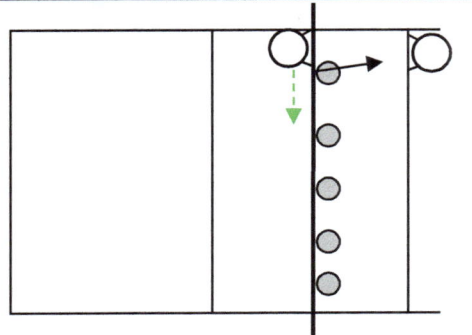

Blockspieler holt nacheinander die Medizinbälle auf der anderen Feldseite unter dem Netz zu sich, springt in Blockhaltung am Netz hoch und drückt den Medizinball über die Netzkante.
Ein zweiter Spieler sichert den Bereich.

Block mit / ohne Blocksicherung gegen Angriff

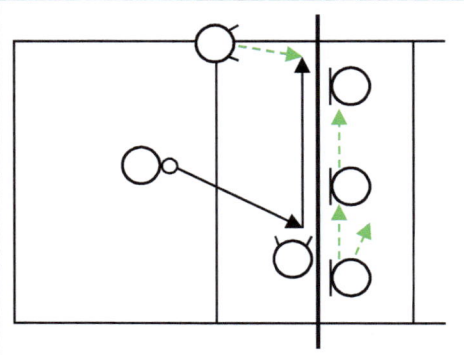

Ein externer Spieler bringt den Ball zum Zuspieler ins Spiel – Zuspiel auf die gewünschte Angriffsposition (hier Position 4), Angriffsspieler greift an.

Blockspieler bewegen sich zum Block und blockieren je nach Blocktaktik longline oder diagonal.
Der dritte Netzspieler blockiert im Dreierblock mit oder sichert den Block ab.
Optional können Abwehrspieler mit einbezogen werden.

Block und Feldabwehr

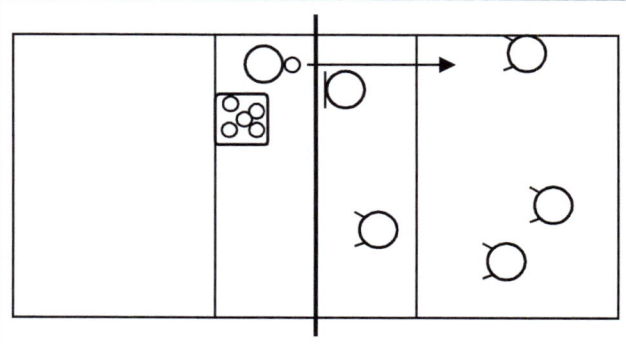

Der Trainer oder ein Spieler wirft Bälle knapp über die Netzkante.
Der Blockspieler soll diese blockieren.
Zusätzlich trainieren die Abwehrspieler ihr Positionsspiel mit dem Block.

Block mit Gegendruck

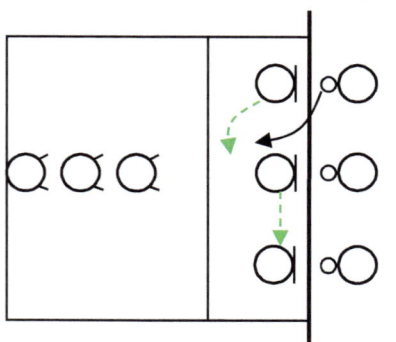

Hier blockieren die Blockspieler gegen Spieler mit Bällen.
Maximale Sprunghöhe und Druck gegen den Ball trainieren die Spannung beim Blockspieler.
Optional können die Spieler mit Ball auf kleinen Kästchen stehen.

Variante
Dem Sicherungsspieler am Block wird ein schneller Ball serviert.

Blockreaktionstraining

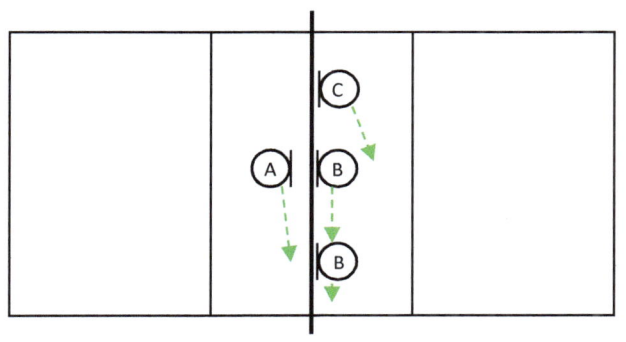

Spieler A gibt hier die Richtung vor, bewegt sich am Netz in eine Richtung.
Die Blockspieler müssen reagieren und mitziehen.
Hier wird auf der Position 2 geblockt und Spieler C sichert den Doppelblock.
Optional drücken die Blockspieler (A und B) mit den Händen über dem Netz gegeneinander.

Blockpositionsübung – Doppelblock mit Blocksicherung (trocken) – Reaktion

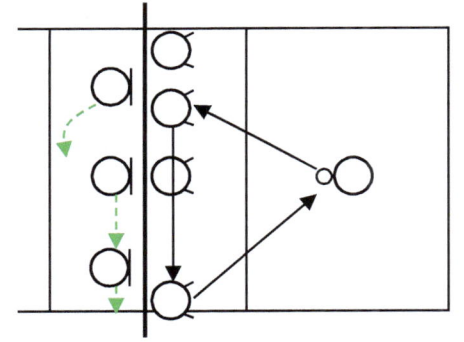

- 3 Blockspieler üben die Bewegung am Netz – Doppelblock mit Blocksicherung.
- Block reagiert auf die Zuspielerübung auf der Gegenseite:
- Zuspieler serviert 2-3 Angriffsspielern, diese spielen den Ball <u>nicht übers Netz</u>, sondern auf die Abwehrposition 6. Von dort gelangt der Ball wieder ins Spiel zum Zuspieler.

Kleinfeldspiel 2 vs. 2 mit Block

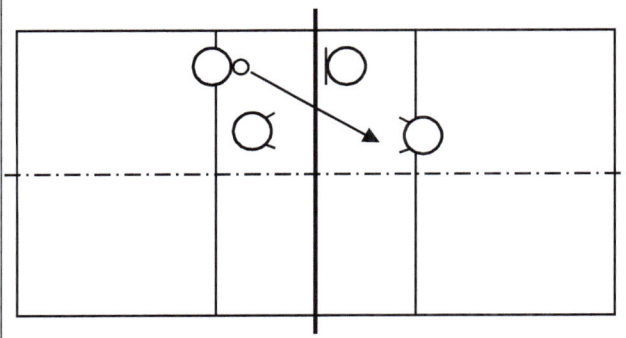

2 vs. 2 auf einem Kleinfeld.
Abwehrende Mannschaft:
- ein Spieler am Netz blockt
- ein Spieler in der Abwehr bewegt sich aus dem Blockschatten!

Je nach Taktik wird longline oder diagonal geblockt.
Demnach bewegt sich der Abwehrspieler aus dem Blockschatten nach links oder rechts.

Einzelblock mit Mini-Volleyball greifen

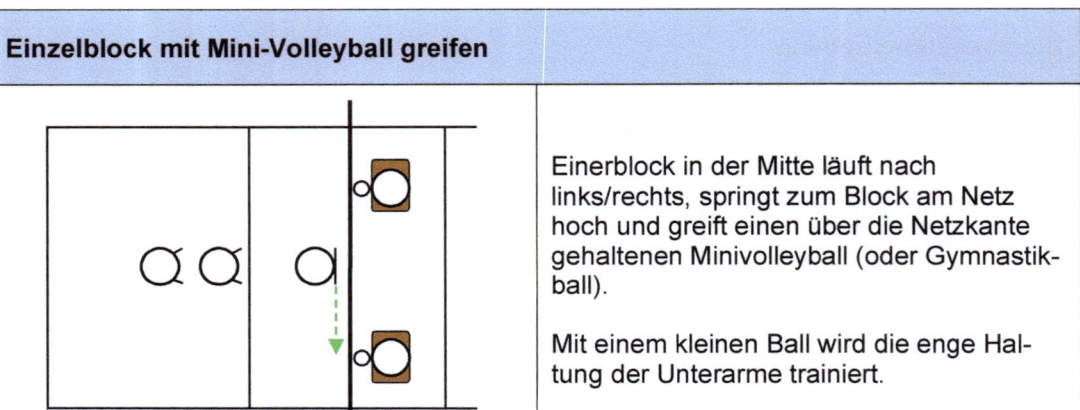

Einerblock in der Mitte läuft nach links/rechts, springt zum Block am Netz hoch und greift einen über die Netzkante gehaltenen Minivolleyball (oder Gymnastikball).

Mit einem kleinen Ball wird die enge Haltung der Unterarme trainiert.

Synchroner Doppelblock

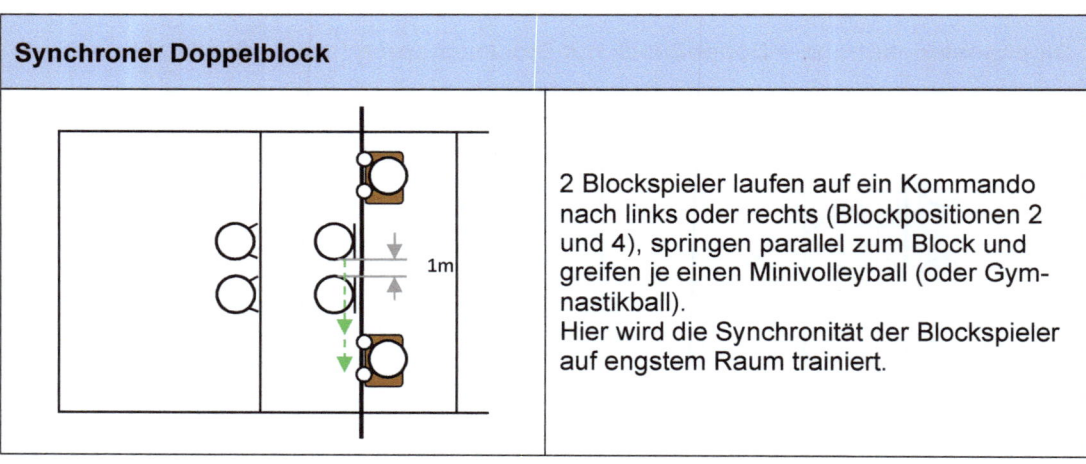

2 Blockspieler laufen auf ein Kommando nach links oder rechts (Blockpositionen 2 und 4), springen parallel zum Block und greifen je einen Minivolleyball (oder Gymnastikball).
Hier wird die Synchronität der Blockspieler auf engstem Raum trainiert.

Aktiver Block vs. geworfenen / geschlagenen Ball

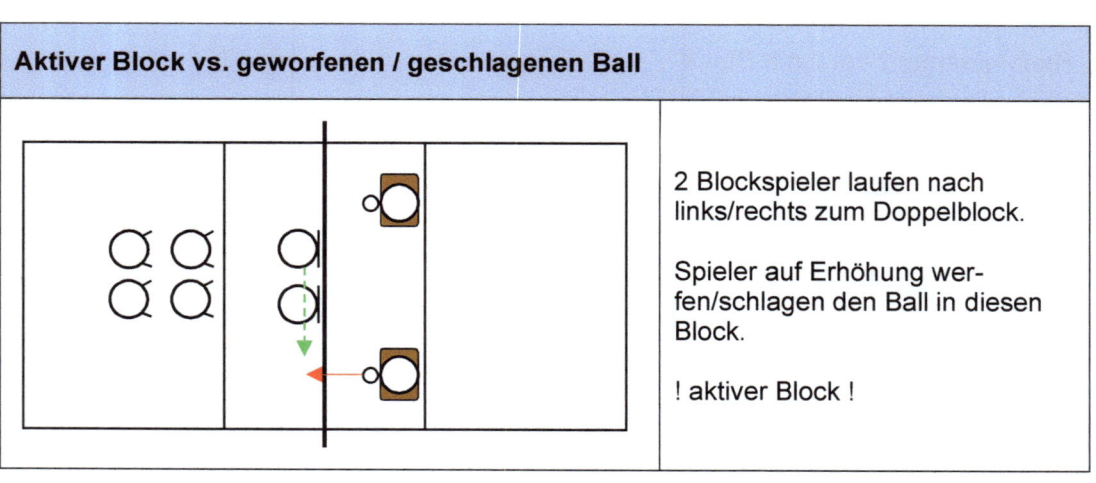

2 Blockspieler laufen nach links/rechts zum Doppelblock.

Spieler auf Erhöhung werfen/schlagen den Ball in diesen Block.

! aktiver Block !

Blocksplit-Kombi-Übung

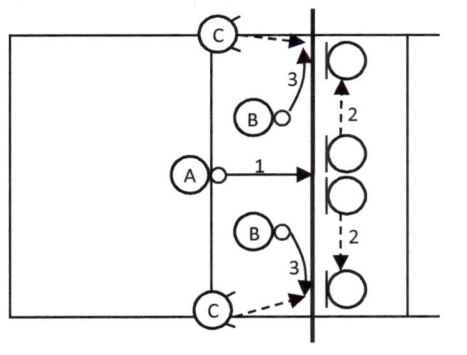

1) Doppelblock in der Mitte nach Zuwurf über die Netzkante von Spieler A,
2) Mittelblocker splitten nach außen zu den Außenblockern und stellen nun links und rechts einen Doppelblock gegen die Angreifer C,
3) die Spieler B servieren den Angreifern C einen Angriffsball.

Blind blocking

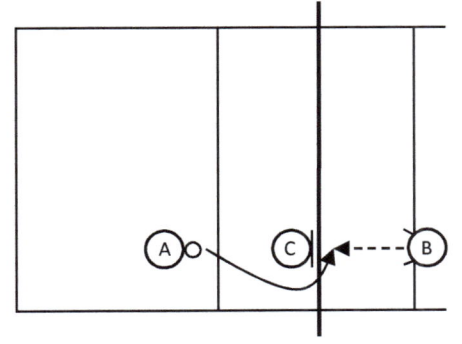

Spieler A wirft einen höheren Ball über C an die Netzkante für Spieler B. Spieler B greift diesen Ball an, Blockspieler C konzentriert sich auf den Anlauf von Spieler B und blockiert dessen Angriff.

Block aus der Spielsituation heraus – Dankeball für den Gegner

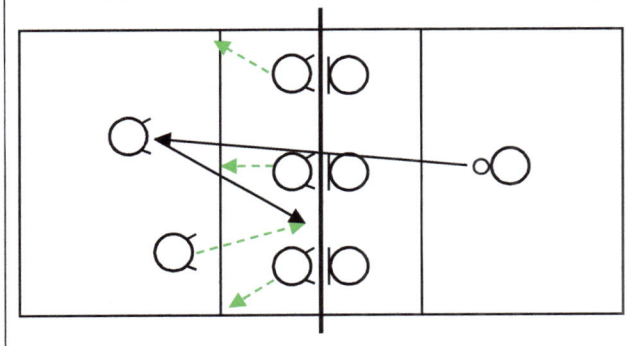

Hier wird ein Dankeball ins Spiel gebracht. Die Blockspieler auf der linken Seite lösen sich zum Gegenangriff vom Netz, der Zuspieler läuft auf die Zuspielposition und serviert.

Diagonales Feldzuspiel

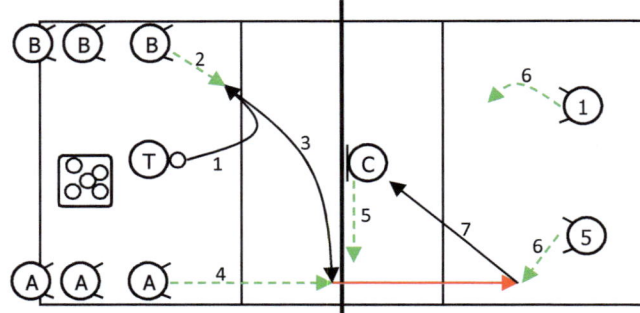

1) Trainer spielt einen Ball nach links (B) oder rechts (A) an (Simulation: Feldzuspiel von Position 5 oder 1),
2) Spieler B läuft zum Ball und
3) spielt (hier) auf die Diagonal-Angriffsposition zu,
4) Spieler A läuft von seiner Anlauflinie (variiert je nach Spieler) an,
5) Blockspieler orientiert sich je nach Spielsystem (longline offen oder zu),
6) dementsprechend orientieren sich die Abwehrspieler (hier 1 und 5) und
7) wehren den Ball auf den Blockspieler ab, dieser fängt den Ball.

Variante
Übung mit zwei Blockspielern (C)

Angriffstraining vs. Doppelblock

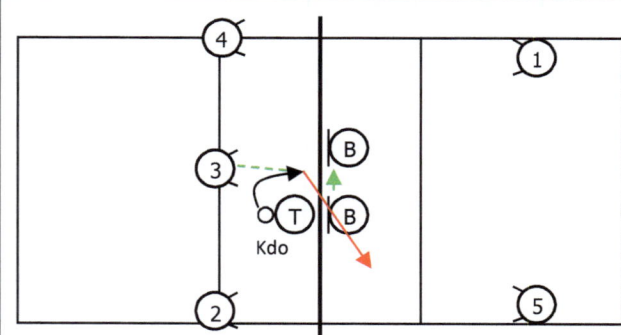

Nach einem Kommando (Kdo: auf Ball klatschen) wirft der Trainer einen Ball auf einen Angreifer (hier 3) an.
Dieser muss am Block vorbei schlagen.
Abwehrspieler 1 und 5 sind Ziel für den Angriff und wehren den Ball ab.

Die Blockspieler (B) müssen reagieren und den Block erlaufen.

Blocktraining – Blockreaktion

Nach einem Kommando (Kdo: auf Ball klatschen) wirft der Trainer einen hohen Ball auf einen Angreifer (hier 4).

Blockspieler (B) muss/müssen reagieren und den Block erlaufen.

Varianten
- 2 Blockspieler
- Angreifer von 3 Positionen
- 3 Blockspieler (Mitte, Außen und Zuspieler/Diagonal) mit Blocksicherung
- Abwehrspieler hinter dem Block

FELDABWEHR

Die richtige Position

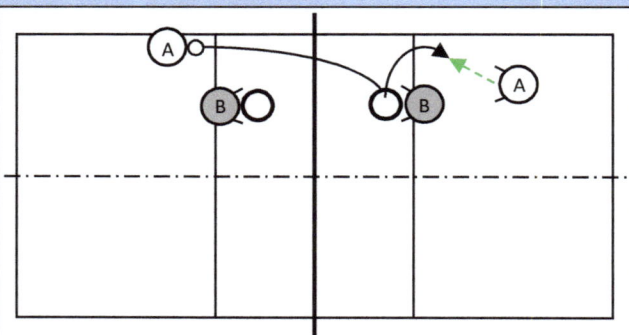

- Spieler A spielen den Ball über das Netz,
- Spieler B versuchen einen Gymnastikreifen an die Stelle zu legen auf welcher der Ball aufkommt,
- nach erfolgreichem Abfangen des Balles spielen die Spieler A den Ball weiter (Ping-Pong)

Volley-Fünferle an der Wand – Grundlage für die Annahme

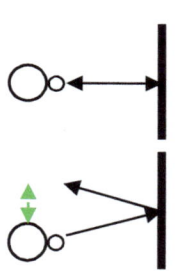

1) Einfaches beidarmiges Baggern an der Wand.
2) Einarmiges unteres Zuspiel, abwechselnd linker und rechter Arm.
3) Beidarmiges Baggern mit seitlicher Bewegung. Dabei trifft der Ball immer auf dieselbe Stelle an der Wand, nur der Spieler bewegt sich ca. 1m nach links und rechts.
4) Baggern zu zweit. Die Spieler stehen ca. 1m (Entfernung variieren) voneinander entfernt, gleiche Entfernung zur Wand, und spielen sich den Ball über die Wand zu.
5) Ähnlich Nr. 4: Zwei Spieler gegeneinander. Zuvor muss ein kleines Spielfeld festgelegt werden.

Abwehr mehrerer Bälle in schneller Folge

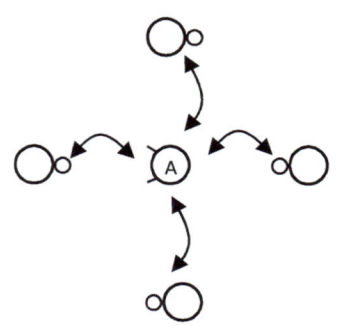

Der Abwehrspieler (hier A) wehrt nacheinander die Bälle der außen stehenden Spieler mit oberem und unterem Spiel ab. Im besten Fall direkt zum jeweiligen Ball Spielenden.

Einspiel zu dritt

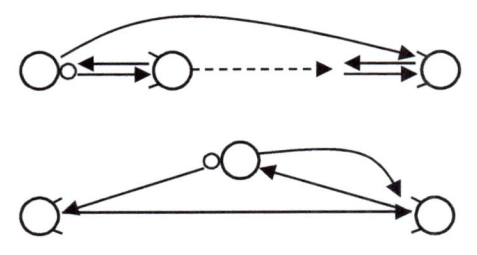

Obere Übung:
Spieler in der Mitte läuft auf die Außenspieler auf und wehrt kurze Bälle ab.

Untere Übung:
Zuspieler in der Mitte serviert den Außenspielern,
Angriff – Abwehr

Sidesteps

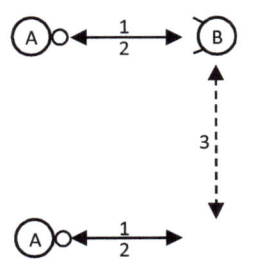

1) Spieler A spielen Bälle auf Spieler B zur hohen oder tiefen Abwehr,
2) Spieler B wehrt die Bälle ab, zurück zu den Spielern A und
3) bewegt sich danach sofort, seitlich zur nächsten Abwehraktion.

Kasten sauber halten (Bälle raus – Bälle rein)

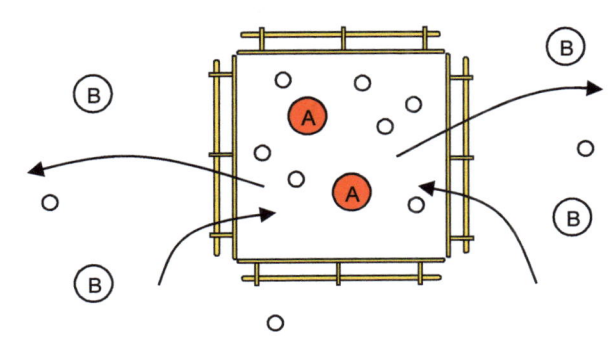

Spieler im Kreis „A" (4 Langbänke gekippt) werden die Bälle – beidhändig – aus ihrem Bereich:
Ziel ist es den Kreis leer zu bekommen oder nach Ablauf einer bestimmten Zeit (ca. 1 Minute) so wenig Bälle wie möglich im Kreis zu haben.

Spieler außerhalb „B" befördern die Bälle wieder in den Kreis.
Nicht mit den Füßen!

Kurze Abwehr und Lauf nach Angriffsschlag

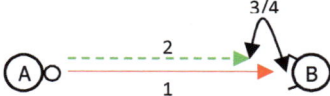

1) Spieler A schlägt aus dem Stand einen Drive/Smash auf Spieler B und
2) läuft sofort diesem Ball nach,
3) B wehrt den Drive/Smash kurz ab (ca. 1m),
4) A erläuft diesen Ball und spielt ihn zu B zurück.

Abwehr kurzer Bälle in verschiedenen Richtungen

1) Spieler A spielt kurzen Ball,
2) Spieler S erläuft diesen und
3) spielt ihn zurück,
4) Seitenwechsel zu Spieler B,
5) ff.

Einspielen zu dritt mit Zuspieler in der Mitte und Positionswechsel

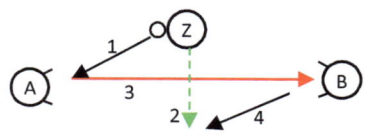

1) Zuspieler serviert auf Spieler A
2) und wechselt sofort auf die andere Seite (ca. 2m),
3) Spieler A schlägt einen Ball auf Spieler B,
4) dieser wehrt auf gewechselten Zuspieler ab,
5) Zuspieler serviert auf Spieler B,
6) ff.

Feldabwehr nach Angriffsball vom Kasten abgeschlagen

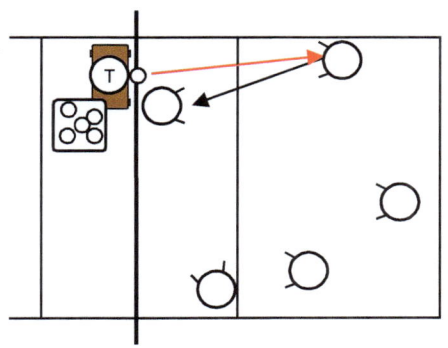

Der Trainer schlägt und lobbt Bälle, in schneller Reihenfolge, auf die Abwehrspieler (hier auf den Positionen 1-6-5-4) und simuliert so Angriffsbälle von der gegnerischen 4 (Außen).

Variante
Wechsel der Trainerposition

Oberes Zuspiel (o.Z.) / Unteres Zuspiel (u.Z.) ... (2+2) + (2+2) im Wechsel

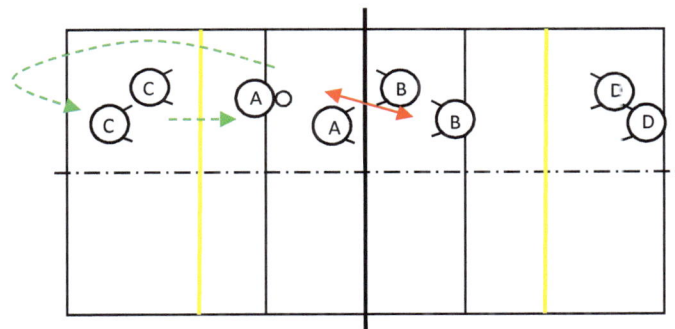

- Die Paare A – D spielen, jeweils zu zweit zusammen, gegeneinander.
- Gespielt wird mit 3 Ballberührungen!
- Nach dem Spiel über das Netz verlässt das „angreifende" Paar (hier A) das Feld und
- wechselt mit dem hinter ihnen wartenden Paar (hier C).

Spielfeld
a) Halbe Feldbreite
b) Länge variiert: bis 3m-Linie, bis Feldhälfte, bis hintere Grundlinie

Erweiterungen
- Angriff wird geschlagen
- Mit Block

Festigung der Grundtechnik – gespielt wird im o.Z. und u.Z.

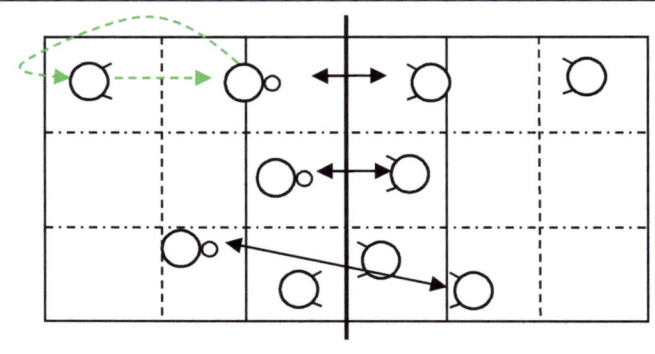

Oberes Drittel
1 + 1 im Wechsel mit Hinterspieler nach Spiel übers Netz

Mittleres Drittel
1 vs. 1 (3m-Zone)

Unteres Drittel
2 vs. 2 (längeres Feld)

Einzelpendel mit Angriff und Abwehr

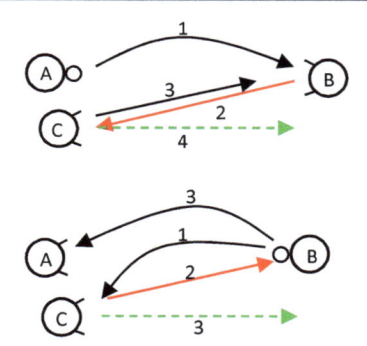

Obere Übung (Abwehr nach Lauf)
1) Spieler A serviert Spieler B,
2) B schlägt den Ball auf Spieler C,
3) dieser wehrt auf B zurück ab und
4) läuft zu Spieler B auf, ff.

Untere Übung (Abwehr im Stand, Angreifer läuft)
1) Spieler B serviert Spieler C,
2) C schlägt den Ball auf B zurück und
3) läuft zu B auf, B wehrt auf Spieler A ab, ff.

Feldabwehrübung

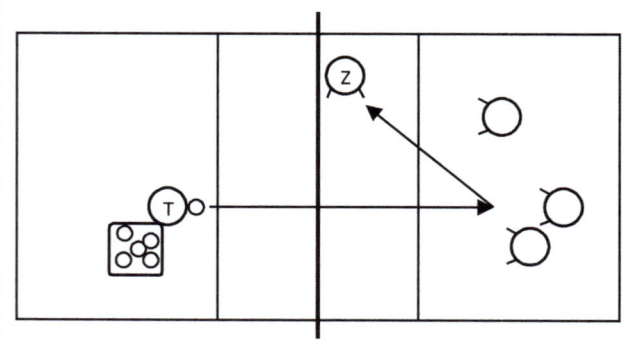

- Trainer schlägt und wirft Bälle in verschiedener Intention und Geschwindigkeit auf die Abwehrspieler,
- diese wehren zu Spieler Z ab.

Varianten
- Langsame Folge zur Festigung der Abwehr.
- Schnelle Folge, Abwehrspieler unter Stress setzen.

Abwehrtraining im Eck

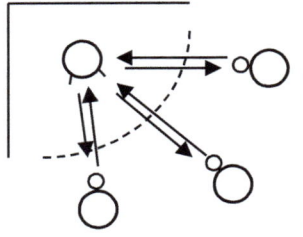

Der Abwehrspieler befindet sich in einem Halleneck / abgesteckten Feld.
In diesem Feld muss er alle Bälle, die von den Außenspielern gespielt werden, abwehren.

Abwehrübung

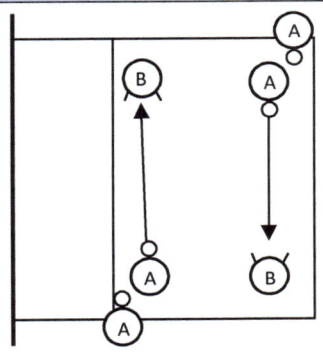

- Spieler A greifen so lange Bälle auf Spieler B an (Drive, Angriffsschläge, Lobb), bis
- der von B abgewehrte Ball nicht mehr sauber angegriffen werden kann.
- Die jeweiligen Spieler A wechseln sich schnell ab, bzw. springen füreinander ein.

Feldabwehr diagonal

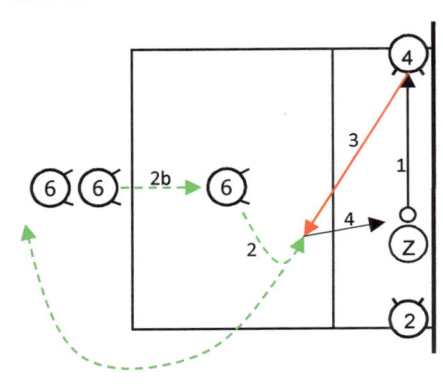

1) Zuspieler serviert auf Außen- (4) oder Diagonalangreifer (2) (hier 4),
2) Abwehrspieler (6) läuft auf die diagonale Abwehrposition (hier Pos. 1, nach rechts),
3) Angreifer schlagen einen gezielten Ball auf den Diagonalabwehrspieler,
4) dieser wehrt den Ball zum Zuspieler ab und reiht sich hinter den nachrückenden Abwehrspielern wieder ein, ff.

Spielform … Transportball vor Abwehr

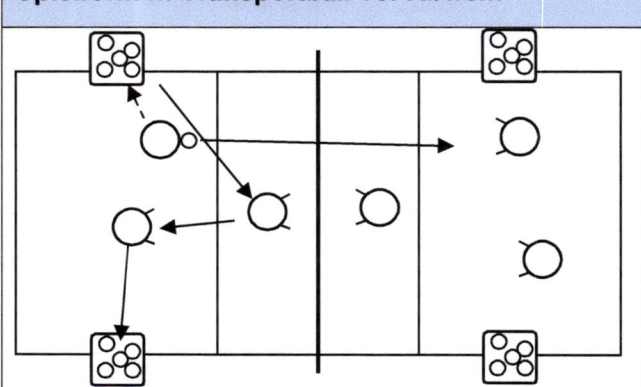

- Spielform: 3 vs. 3.
- Der Ball wird 3x in den eigenen Reihen gespielt.
- Nach dem Spiel über das Netz wird ein Ball von einem Ballkorb zum anderen transportiert, indem jeder Spieler den Ball berührt, bzw. fängt und weiterspielt.

Baggerle

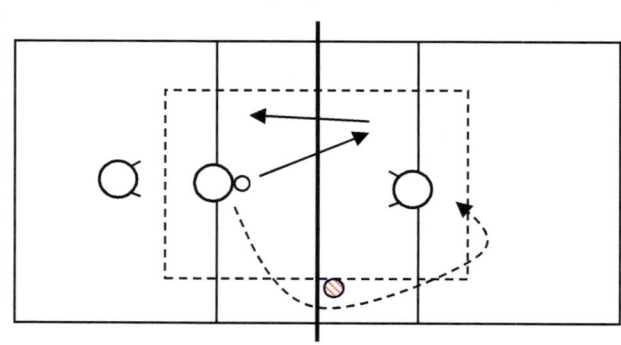

Gespielt wird nach dem Prinzip Rundlauf beim Tischtennis.
Nach dem Spiel über das Netz läuft der Spieler rechts um das Feld auf die andere Spielfeldseite.
Bei einer bestimmten Anzahl von Fehlern ist ein Spieler raus aus dem Spiel.

Erweiterung
Spiel hinter der Angriffszone

3-m-Raum-Spielchen

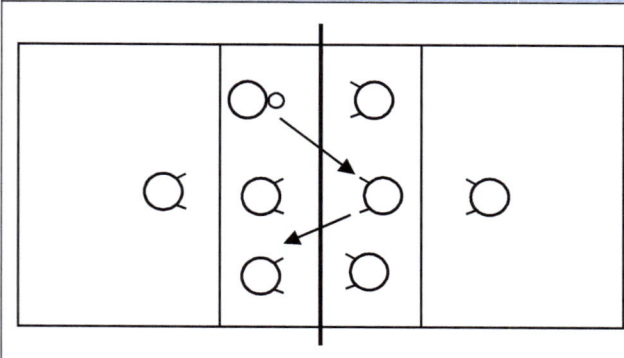

2 Dreierteams spielen im 3-Meter-Raum gegeneinander.
Der Spieler, der einen Fehler macht, begibt sich nach hinten aus dem Feld auf die Warteposition und ein Ersatzspieler wechselt von dort auf dessen Position.

Erster Ball indirekt (Position zum Ball verbessern)

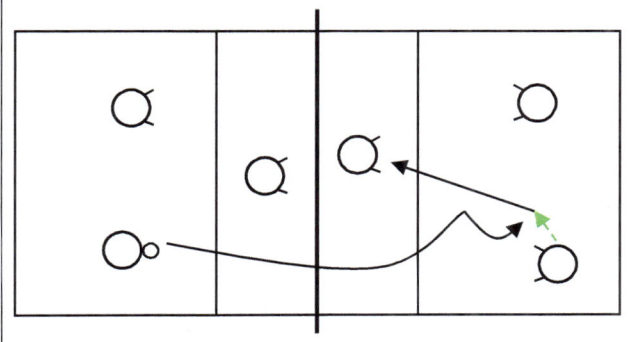

Hier wird reguläres Volleyball gespielt.
Aber ein Angriffsball, der erste Ball, darf erst nach einmal auf dem Boden aufkommen zum Zuspieler abgewehrt werden.
So muss der Abwehrspieler seine Position zum Ball (hinter den Ball) schnell korrigieren.

Kleinfeldspiel 2 vs. 2 mit Block

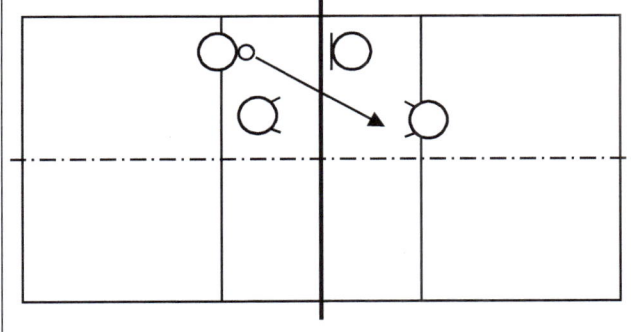

2 vs. 2 auf einem Kleinfeld.
Abwehrende Mannschaft:
- ein Spieler am Netz
- ein Spieler in der Abwehr (aus Blockschatten raus)

Je nach Taktik wird longline oder diagonal geblockt.
Demnach bewegt sich der Abwehrspieler aus dem Blockschatten nach links oder rechts.

Diagonalfeld-Spielchen

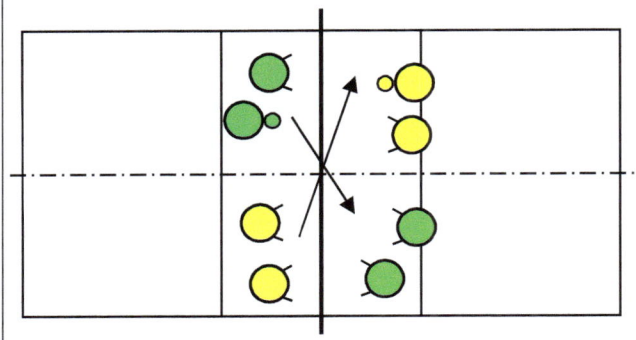

Hier spielen vier Teams gleichzeitig.
Angegriffen wird über Kreuz, um die Diagonalabwehr zu festigen.
Im Bild spielen die gelben Teams gegeneinander und die Grünen.
Ungewohntes Spielbild lernen und üben.

3-m-Raum-Spielchen – Angreifer raus

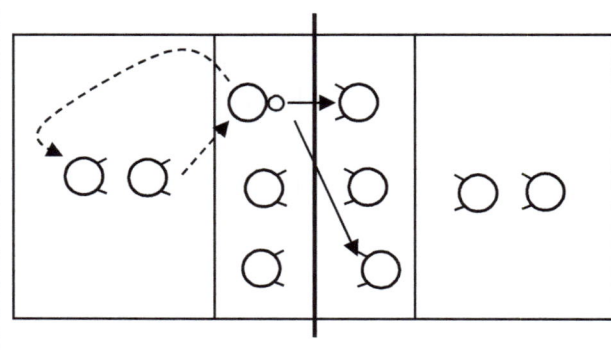

Zwei Teams spielen gegeneinander im 3-m-Raum.
Der Spieler, der den Ball über das Netz spielt, wechselt nach hinten aus dem Spielfeld.
Ein Nachrücker muss so schnell wie möglich diese Lücke füllen.
Durch keine Bindung an ein 3-Ball-Kontakt-Spiel wird das Spiel sehr schnell.
Lücken erkennen und nutzen, Abwehrposition schnell einnehmen.

Abwehrübung 1-6-5-6

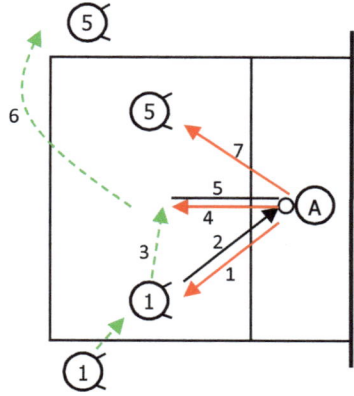

Angriffsschlag von Spieler A auf die Abwehrspieler 1 und 5:

1) Angriff auf Position 1 (Spieler 1),
2) Abwehr von Spieler 1 zurück zu Spieler A,
3) Spieler 1 bewegt sich auf die Position 6 (hintere Mitte),
4) Spieler A greift auf Position 6 (Spieler 1) an,
5) Abwehr von Spieler 1 zurück zu Spieler A,
6) Spieler 1 wechselt auf die andere Seite (hier hinter zweiten Spieler 5).
7) Derselbe Ablauf mit Spieler 5 (Angriff auf die Position 5, dann 6)

Angriffe: von gezielt leicht bis stark, auch Lobbs erlaubt.

Feldabwehr 5-6 – 1-6 mit Zuspieler

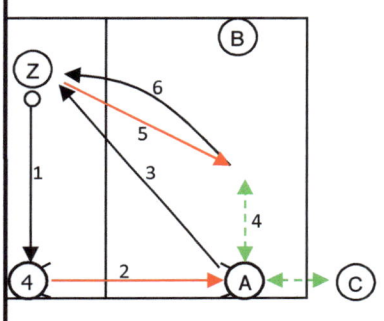

1) Zuspiel auf Außenposition (4),
2) Angriffsschlag longline auf Abwehrposition 5 (Spieler A),
3) Spieler A wehrt zurück zur Zuspielposition ab,
4) Abwehrspieler (A) läuft auf die hintere Mittelposition 6,
5) Zuspieler / Spieler auf Position 2 schlägt einen Ball auf Abwehrspieler (A),
6) Abwehr zurück zur Zuspielposition.

Spieler C wechselt für A ins Feld auf Abwehrposition 5, ff.

Weiter: Spiegelverkehrt auf Spieler B
1) Zuspieler schlägt sofort nach dem Abwehrball von Spieler A einen longline-Ball auf Spieler B (Position 1).

TEAM vs. WAND (extrem schnell!)

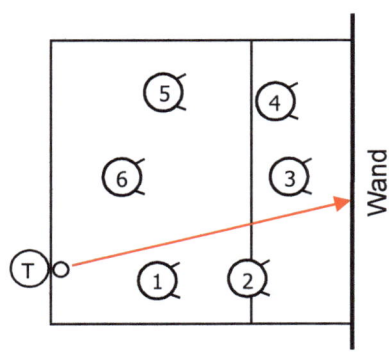

Trainer oder Aufschlagspieler bringt den Ball mit einem Aufschlag gegen die Wand ins Spiel.
Das Team spielt nun gegen einen unüberwindbaren Gegner, die Wand, nach allen Regeln des Volleyballs
Allerdings befindet sich die Mannschaft nach eigenem Angriff sofort wieder in der Abwehrposition, wehrt also den eigenen Angriff ab.
Gespielt wird selbstverständlich ohne Block.

Kombiübung Angriff und Abwehr

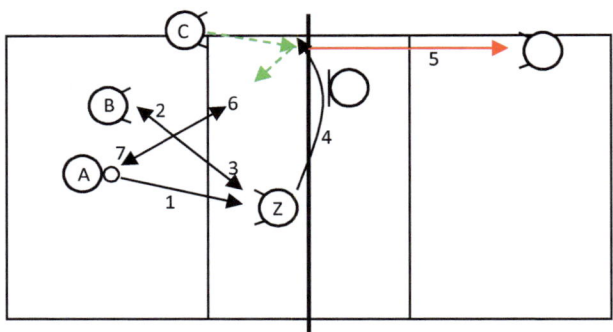

1) Spieler A bring den Ball auf Zuspieler ins Spiel,
2) Zuspieler schlägt einen Driveschlag auf Spieler B, dieser
3) wehrt zurück zum Zuspieler ab,
4) Zuspiel auf Angriffsspieler C,
5) Spieler C greift auf einen Feldabwehrspieler an,
6) dreht sich nach dem Angriff sofort um und wehrt einen Ball von Spieler A ab,
7) zurück zu Spieler A.

Variante
Nach Nr. 7 fängt die Übung von vorne an (mehrere Durchgänge)

Einschlagen mit Sicherung gegen Feldabwehr (spielnah)

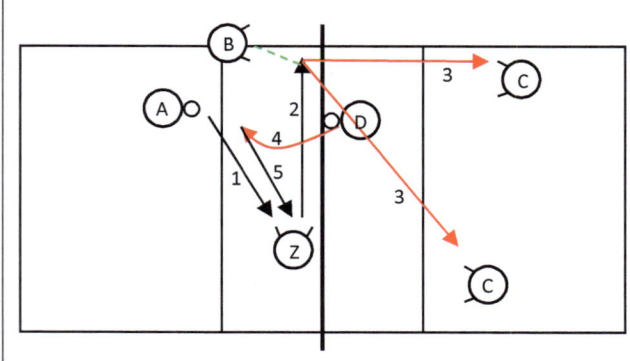

1) Spieler A spielt den Zuspieler an,
2) Zuspiel auf Spieler B,
3) Angriff auf Spieler C (longline oder diagonal),
4) Spieler D spielt <u>mit dem Angriff</u> von B einen Ball (als Blocksimulation) auf Spieler A,
5) A wehrt auf Zuspieler ab.

Variante
Nach erfolgreicher Abwehr wird sofort ein weiterer Angriff eingeleitet.

Spielfluss – Zuspiel aus der Bewegung heraus

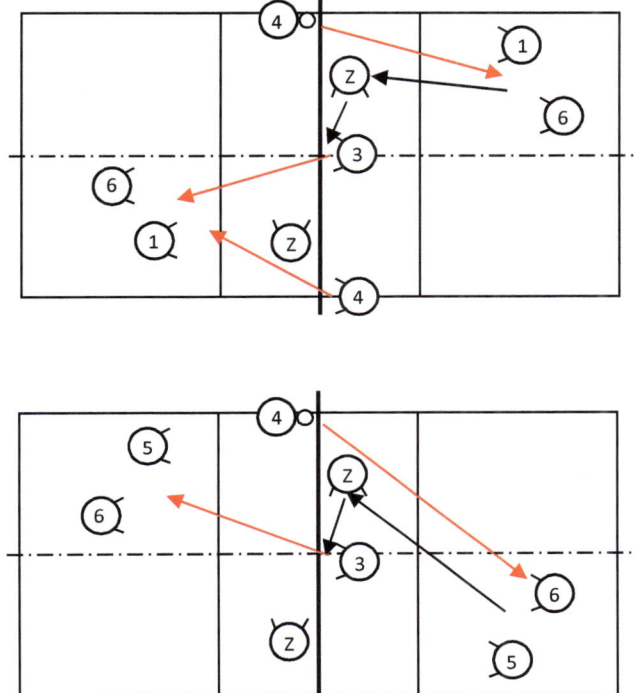

A) longline,

Angreifer von Außen (4) (und/oder Mitte (3))

Abwehr rechte Feldhälfte (1 und 6)

B) diagonal,

Angreifer von Außen (4) (und/oder Mitte (3))

Abwehr linke Feldhälfte (5 und 6)

Diagonalangriffe mit Läufer und Enzelblock

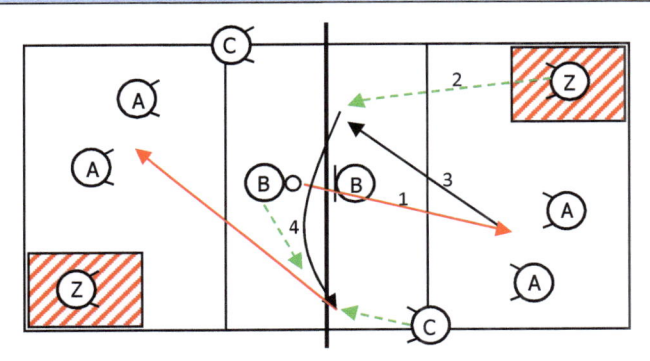

1) Dankeball oder Smash auf Abwehrspieler A (Diagonalabwehr. Abwehr kann variieren)
2) Zuspieler läuft auf seine Zuspielposition,
3) Annahme auf Zuspieler,
4) Service auf Angriffsposition (hier Spieler C auf Außen),
5) Einzelblock blockiert in diesem Spiel den Zuspieler, also longline.

Zuspiel- und Abwehrübung auf eigener Feldhälfte

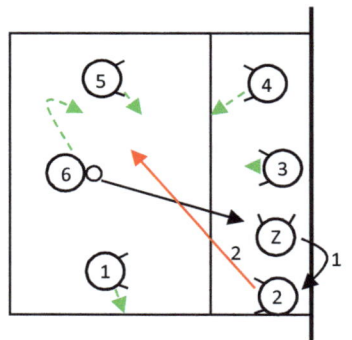

- **Abwehr immer auf Zuspieler (Z)**
- Zuspiel auf Positionen 2-3-4 möglich.
- Abwehrspieler (1-6-5) verschieben ihre Position gem. Abwehrposition bei dementsprechendem Angriff (hier wird ein Angriff über die Diagonalposition simuliert).
- Angriff von allen Positionen auf alle Positionen möglich (Netzspieler wehren kurze Bälle ab).
- Spieler bleiben immer in Bewegung. Nach der Abwehr bewegen sie sich sofort zur Ausgangsposition zurück.
- Nach ein paar Bällen wechseln alle, außer Zuspieler, im Wechselmodus.

Zuspieltraining und Feldabwehr (Positionstraining)

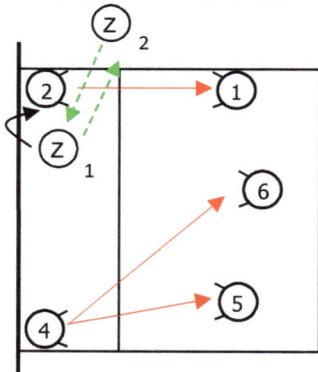

Oberes Feld ist konzipiert für 2 Zuspieler, das Untere für 1 Zuspieler.

Bei 2 Zuspielern spielt …
… Zuspieler 1: Überkopfbälle (2) und
… Zuspieler 2: Bälle auf die Position 4.
Die Zuspieler wechseln nach Ansage des Trainers.

Bei 1 Zuspieler spielt dieser Bälle auf Ansage des Trainers auf die Außen- oder Diagonalposition. Nach dem Zuspiel bewegt sich der Zuspieler auf die Abwehrposition 1 (Stammposition im Hinterfeld, hier mit Pylon).

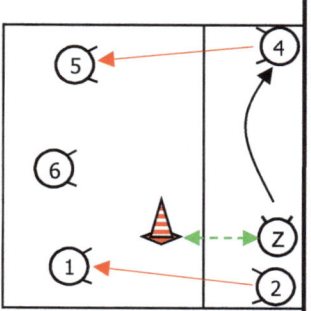

Die Angreifer spielen Bälle
- longline (einfach)
- auch auf Libero (mit Liberotraining)
- diagonal (schwer)

Rückraumspiel 2 vs. 2

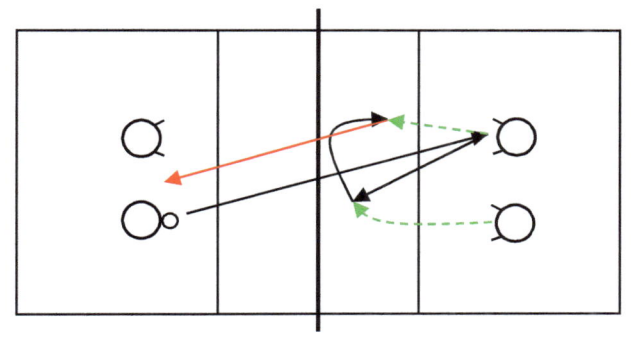

Rückraumspiele trainieren hervorragend die Schlag- und Sprungkraft.
Außerdem Annahme, <u>Feldabwehr</u> und das Spielverständnis.

Fanga

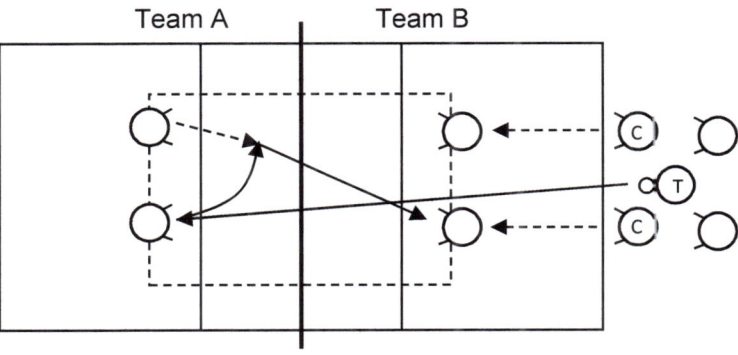

- Trainer/Spieler serviert einen Ball auf die Annahmemannschaft „Team A",
- Team A spielt diesen Ball gegen Team B aus.
- Nach erfolgtem Punkt verlässt Team A das Spielfeld und schließt sich hinter den wartenden Teams, beim Trainer wieder an,
- Team B läuft zügig auf die andere Feldseite und wird zu Team A,
- Spieler C rücken auf und werden zu Team B,
- ff.

Königsspiel mit drei Gruppen

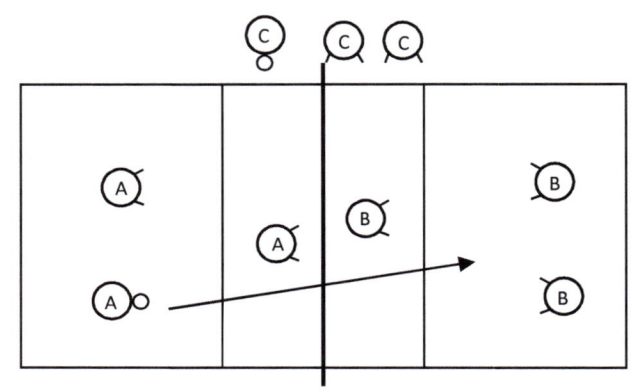

- Gruppe A spielt hier zunächst gegen Gruppe B.
- Die Mannschaft, die einen Fehler macht, verlässt schnellstmöglich das Feld,
- Team C rückt in das freie Feld und bringt den neuen Ball ins Spiel.

Variante
Gruppenzusammenstellung wechselt nach 10 Punkten

7-Spiele-Pepper

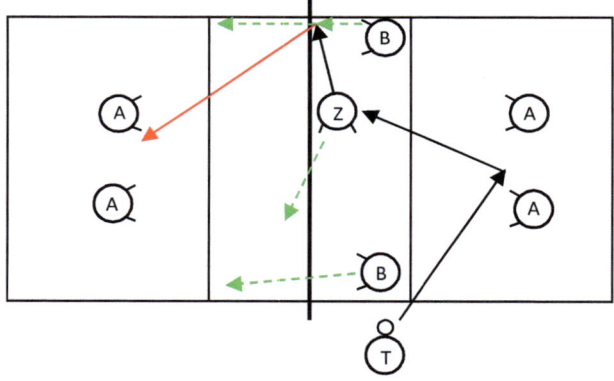

- Anspielball vom Trainer auf Abwehrspieler A,
- Annahme zum Zuspiel,
- Zuspiel auf Angriffsspieler B (Außen und Diagonal),
- Angriff auf Abwehrspieler A,
- danach laufen die Angreifer und der Zuspieler sofort auf die andere Feldseite,
- ff.

Varianten
a) Nach dem Angriff wechseln Zuspieler und beide Angreifer.
b) Nach Angriff wechseln nur Zuspieler und Spieler, der nicht angegriffen hat.

Spielübungsform für die Festigung des Läufersystem mit mehreren Spielzügen

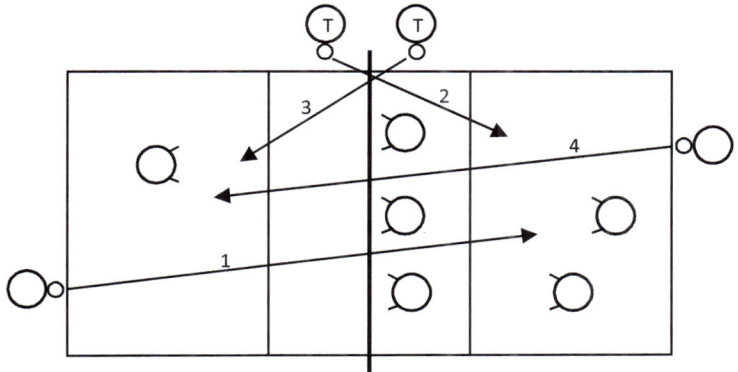

Bei dieser Übung werden **4 Spielzüge** mit verschiedenen Einleitungen gespielt:

1) Angabe der „Restmannschaft".
2) Dankeball oder Smash vom Trainer auf das komplette Team.
3) Dankeball oder Smash vom Trainer auf das „Restteam".
4) Angabe der kompletten Mannschaft.

Die Bälle werden immer ausgespielt, wodurch das Läufersystem, bei der kompletten Mannschaft, durch die verschiedenen Grundspielzüge K1 und K2 gefestigt wird.

(Bitte überlegt euch eine geeignetere Bezeichnung für das „Restteam"!)

8er-KombiAbwehrÜbung

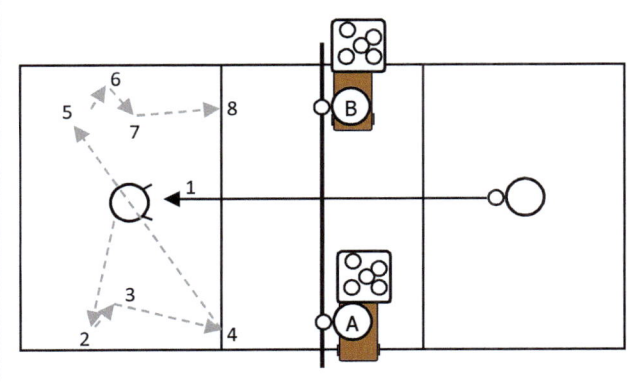

1) Annahme der Angebe (Mitte)
2) Abwehr longline Position 1 Ball von Spieler (A)
3) Abwehr Diagonalball P1 Ball von Spieler (B)
4) Abwehr Shortcut P2 (A)
5) Abwehr larger Ball P5 (A)
6) Abwehr longline P5 (B)
7) Abwehr Diagonalball P5 (A)
8) Abwehr Shortcut P4 (B)

Abwehrbälle Richtung P2!!!

Zuspiel nach Diagonalabwehr – erweitert

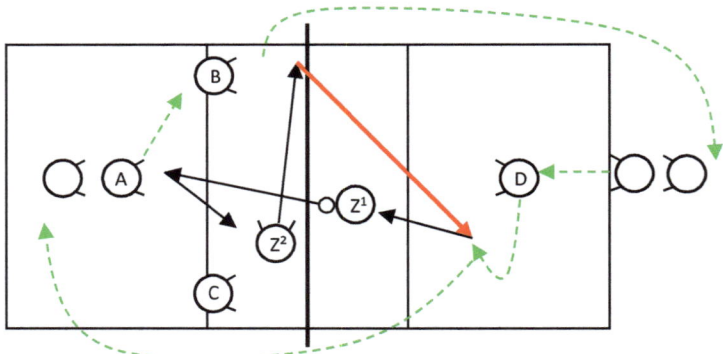

- Zuspieler 1 beginnt mit einem Zuspiel auf Spieler A,
- Spieler A nimmt den Ball auf seinen Zuspieler (Z²) an und läuft danach auf die freiwerdende Angriffsposition (hier Position 4, Spieler B),
- Zuspieler spielt einen Ball auf die Angriffspositionen 4 oder 2 (hier 4), Spieler B, wodurch Spieler D auf der Abwehrseite diagonal zur Abwehr läuft (hier Abwehr links),
- B greift den Ball diagonal auf D an und wechselt danach auf die Abwehrseite,
- D wehrt den Angriffsball auf Z1 ab und wechselt danach auf die Angriffsseite,
- Zuspieler Z1 macht das Spiel schnell und spielt auf den nachgerückten Spieler hinter A, ff.

Feldabwehr longline P5 und Shortcut P1

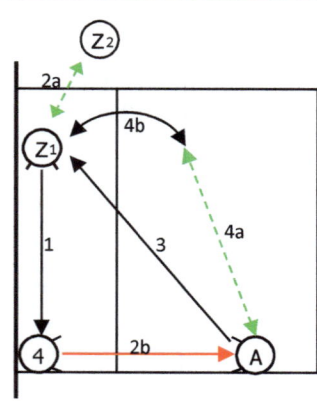

1) Zuspiel auf Außenposition (4),
2) a) Zuspieler wechseln bei Zuspiel lauf die Außenposition (4)
   b) Angriffssimulation über die Position 4, longline,
3) Spieler A wehr den Longline-Ball zurück zum Zuspieler ab,
4) a) Außenangreifer läuft auf die Abwehrposition 1 und wehrt einen vom Zuspieler gelegten oder geschlagenen Ball ab(4b). Bei diesem Spielzug wechseln die Zuspieler **nicht**.

4:4 mit Zuspiel – Angriff diagonal

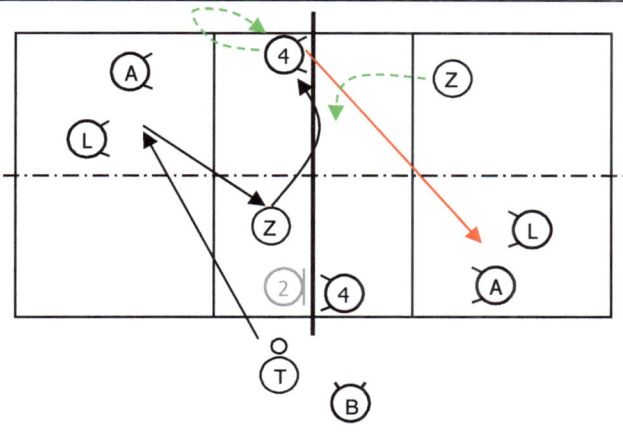

ca. 4-8 Ballwechsel
- Trainer spielt den ersten Ball auf eine Abwehrreihe (hier L/A),
- Annahme auf Zuspieler,
- Zuspiel auf Angriffsspieler (hier 4),
- Diagonalangriff auf Abwehr,
- Spielfluss (gezielt) oder
- Punkten (in die Lücken).
- Spieler B wartet beim Trainer = Reflexion (Puffer).

Variante 2
- Blockspieler (hier 2) blockiert longline
- Zuspielerblock
- Zuspieler läuft von Position 1

Positionswechsel im Uhrzeigersinn
Linke Feldhälfte: Puffer – Abwehr (A) – Angriff (4)
Rechte Feldhälfte: Angriff (von links) – Abwehr (A) – Angriff (4) – Puffer

Spielfluss – Abwehr-Zuspiel-Angriff

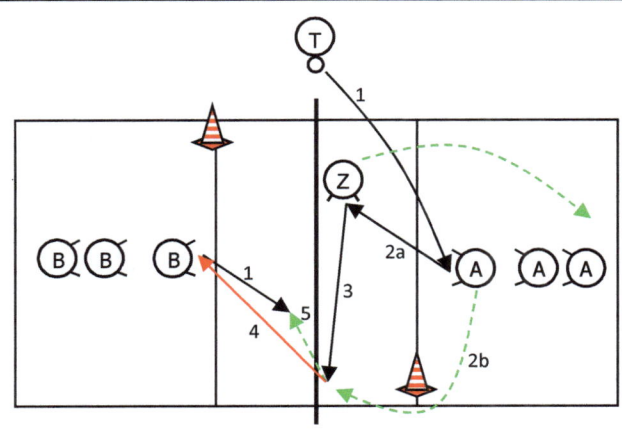

1) Trainer bringt den Ball ins Spiel auf Abwehr (A),
2) a) Annahme auf Zuspielposition,
   b) Spieler A läuft nach Annahme/Abwehr sofort auf die Angriffsposition,
3) Zuspiel auf Außen,
4) Angriff von Spieler A auf Abwehrspieler B,
5) Spieler A läuft sofort nach seinem Angriff auf die andere Seite und wird zum Zuspieler,
6) ff.

Spielnah einspielen (1)

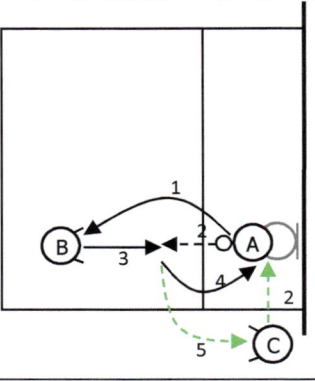

1) Langer Ball von Spieler A zu B,
2) A läuft auf B zu,
3) kurzer Ball von B auf A,
4) Spieler C läuft ins Feld ans Netz und simuliert einen Block
5) Ball über Kopf von A auf C,
6) A läuft aus dem Feld, ff.

Varianten
A) Langer Ball (1) = o.Z.
B) Langer Ball (1) = Smash

Spielnah einspielen (2)

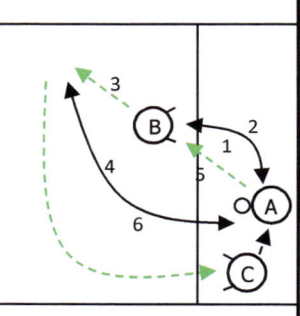

Spieler A steht am Netz – Spieler B auf der zentralen Basisposition – Spieler C in Reserve hinter A,

A spielt auf B, B im u.Z. zurück,
danach verschiebt B rückwärts auf die Abwehrposition 5,

A spielt hohen Ball auf B (P5) und wechselt auf Basisposition – C rückt nach, ff.

Spielnah einspielen (3)

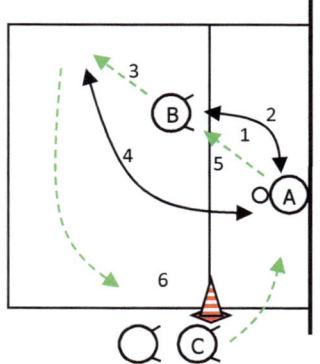

A steht am Netz – B auf der zentralen Basisposition – C in Reserve hinter A,

A spielt auf B, B im u.Z. zurück,
danach verschiebt B rückwärts auf die Abwehrposition (5),

A spielt hohen Ball auf B (P5) und wechselt auf Basisposition – C rückt nach,
hoher Ball von B (AbwPos) auf C.

Nachrückerposition verschiebt sich.

Spielnah einspielen (4) – Gruppe im Pendel

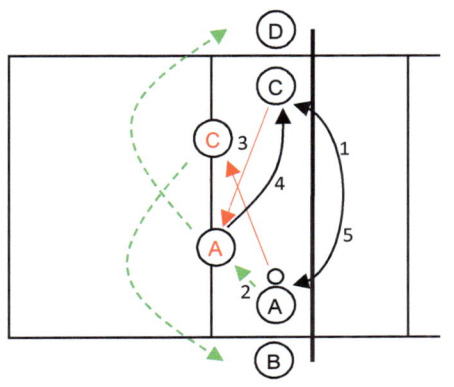

Spieler A spielt hohen Ball auf Spieler C, läuft danach auf die Abwehrposition (3m-Linie),

Spieler C schlägt auf A – A wehrt ab zurück zu C,

A läuft danach auf Warteposition (hier D),

Übung läuft spiegelverkehrt weiter.

Spielnah einspielen (5) – mehrere Positionswechsel (mit / ohne Libero)

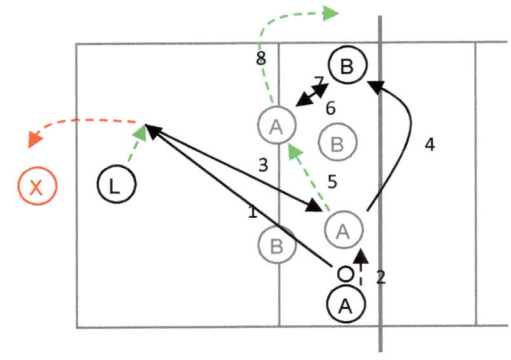

1) Spieler A (Position 2) spielt Ball auf Libero (L), seitliche Verschiebung des Liberos von Position 6 auf Position 5,
2) A läuft auf Position 2 ½,
3) Libero spielt den Ball zurück auf vorgerückten Spieler A,
4) A spielt Ball auf Spieler B (Position 4, Außen),
5) A läuft auf Abwehrposition zu B auf,
6) kurzer Ball von B auf A …
7) auch Smash,
8) Spieler A wehrt den kurzen Ball auf Spieler B zurück ab und
9) hinterläuft B.
10) Übung läuft spiegelverkehrt weiter.

Anstatt L wechseln mehrere Spieler (X) von Außerhalb auf die Position 6.

Spielnah einspielen (6) – mit Positions- und Wechselspiel

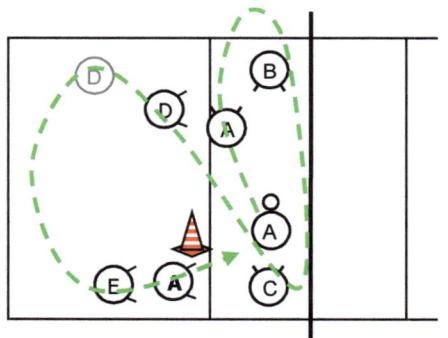
Übersicht der Laufwege (Achter)

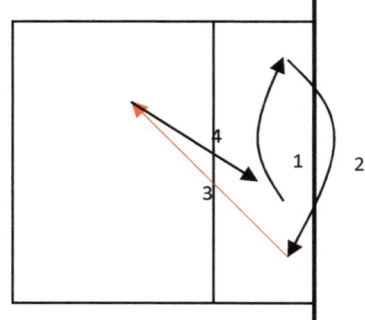
Übersicht Ballweg

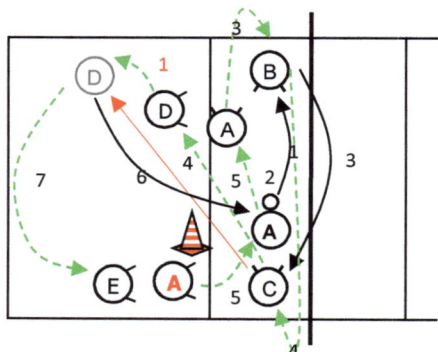

1) Spieler A (Position 3) spielt den Ball auf Spieler B (Position 4), gleichzeitig läuft Spieler D rückwärts auf die hintere Abwehrposition (Position 5),
2) Spieler A läuft zur Sicherung dem Ball nach,
3) hoher Ball von Spieler B auf Spieler C (Position 2),
4) Spieler A hinterläuft Spieler B (Warteposition),
5) Smash von Spieler C auf Spieler D,
6) Spieler C läuft auf Anfangsposition von Spieler D und Spieler A² (rot) läuft auf Anfangsposition von Spieler A,
   Abwehr des Smash von Spieler D nach Position 3 (A²),
7) Spieler D läuft im Hinterfeld zu Spieler E auf.

LIBERO / LIBERA

Diagonalabwehr

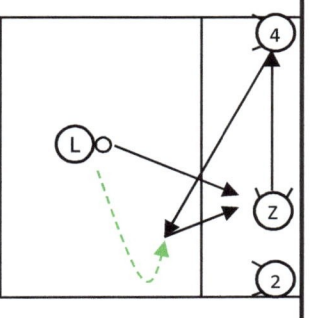

- Der Libero bringt von der vorgezogenen 6 (Feldmitte) den Ball ins Spiel auf
- den Zuspieler,
- dieser serviert auf die Angriffspositionen
- 4 (Außen) oder
- 2 (über Kopf),
- dementsprechend bewegt sich der Libero auf die Diagonalabwehrposition und
- wehrt den Angriffsball zurück zum Zuspieler ab, ff.

Libero-Hetzjagd

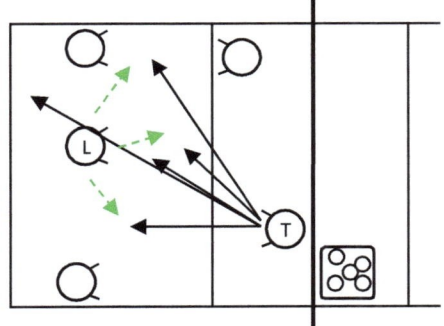

Der Trainer spielt unterschiedlich gespielte und getimte Bälle verstreut ins Spielfeld, die der Libero auf die Zuspielposition abwehren muss.
Die Bälle folgen in sehr schneller Folge. Zusätzliche Spieler auf dem Feld simulieren Spielnähe und bewegen sich immer vom Ball weg, bzw. machen dem Libero Platz.

Libero-Annahmezone

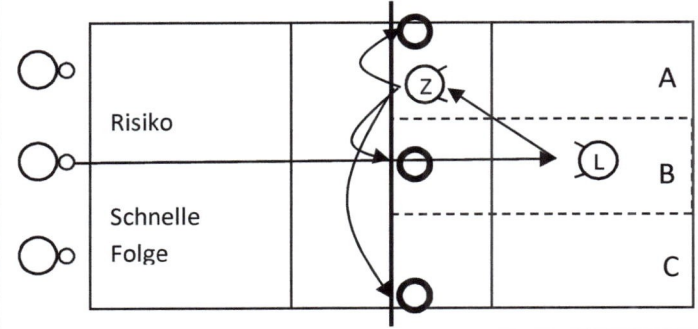

Die Angabespieler servieren in die Annahmezone, in der sich der Libero befindet (hier Annahmezone B).
Der Libero nimmt die Bälle auf den Zuspieler an, welcher die Bälle in vorgegebene Ziele spielt (spielnah, Zuspieler und Libero spielen sich aufeinander ein).

Annahmedrill Flatter

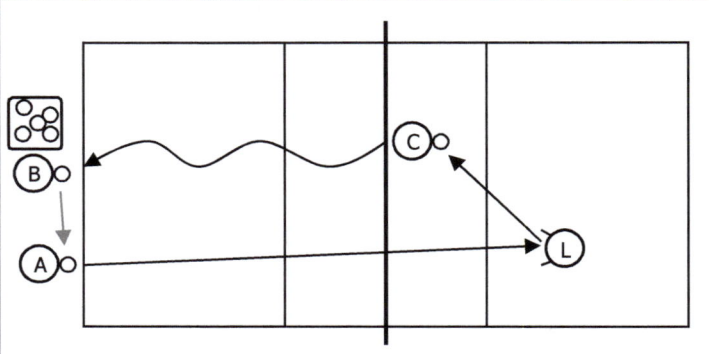

- Spieler A schlägt in schneller Folge auf,
- Libero nimmt auf Spieler C an (Taktikannahmen auf Positionen nach Vorgabe),
- Spieler C rollt die Bälle zu Spieler B, der die Bälle Spieler A reicht.

Annahme zu zweit von Sprung- und Flatteraufschlägen

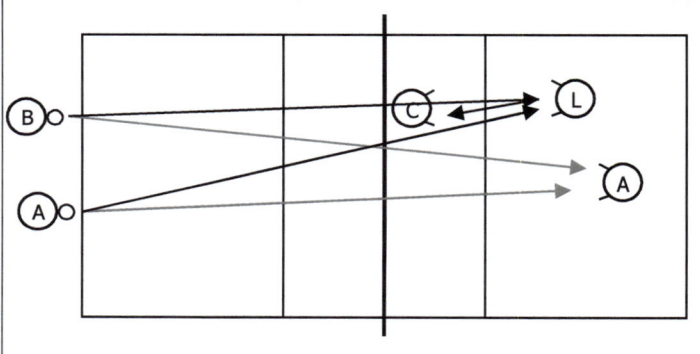

Libero und ein weiterer Spieler nehmen verschiedene Angabenvarianten auf Spieler C an, müssen sich dabei absprechen.

Feldabwehr spielnah von Außen- und Mittelangreifer

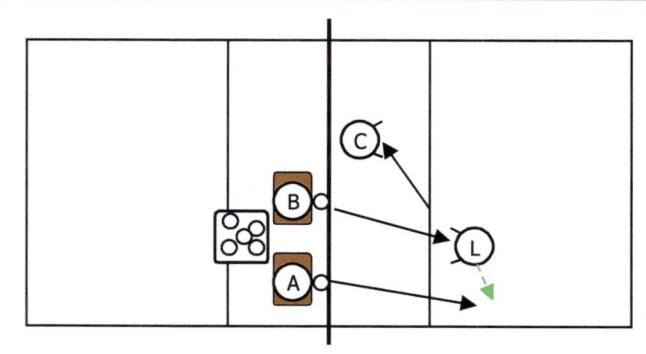

Spieler A und B greifen abwechselnd Bälle an (z.B. von Kästchen), die der Libero zu einem weiteren Spieler abwehren muss.
Die Abwehrposition variiert.

Longline Bälle abwehren

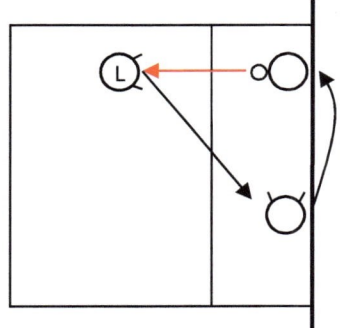

Libero wehrt Bälle zum Zuspieler ab.
Simuliert werden hier Angriffsbälle von der gegnerischen Position 2 (Diagonalangreifer).

Angriff nach Libero-Annahme

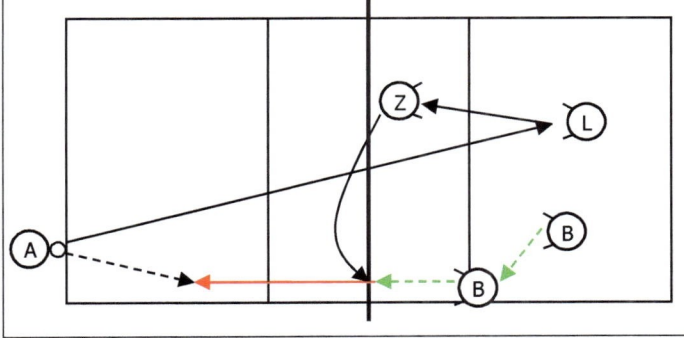

- Spieler A gibt auf Libero an,
- dieser nimmt auf den Zuspieler an,
- Zuspiel auf Außen (B),
- Angriff gegen Spieler A, der nach seiner Angabe ins Feld läuft.

Variante
- Spieler B nimmt mit an.

Angreifen von zwei Bällen – Zuspielerball und Liberozuspiel

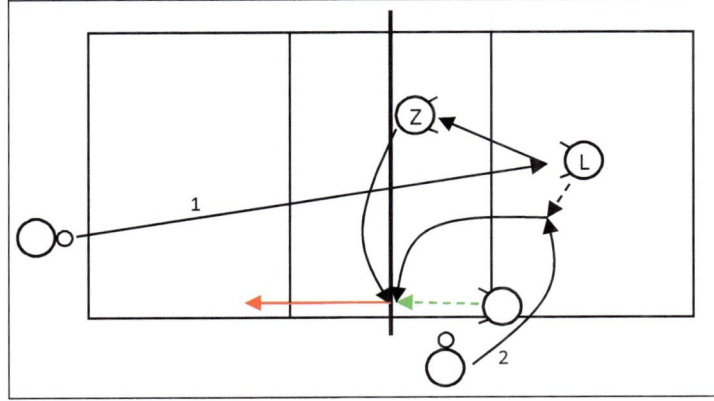

1) Angriff nach Liberoannahme auf Zuspieler,

2) Angriff des Libero-Zuspiels.

Angriff nach Feldabwehr – Kombiübung spielnah

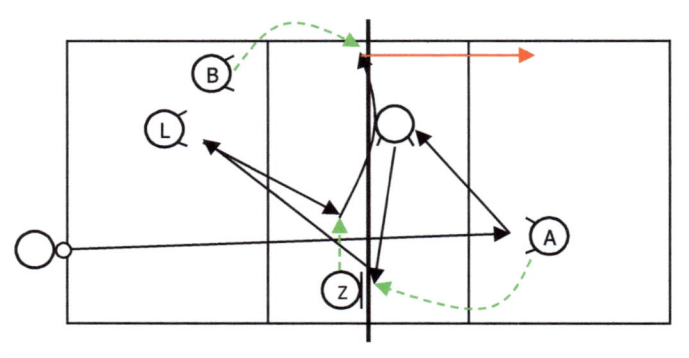

- Spieler A greift nach eigener Annahme einen gezielten Ball auf den gegnerischen Libero an,
- Libero nimmt auf seinen Zuspieler an,
- dieser serviert Spieler B zum Gegenangriff.

Ball-Kontrolle mit Libero

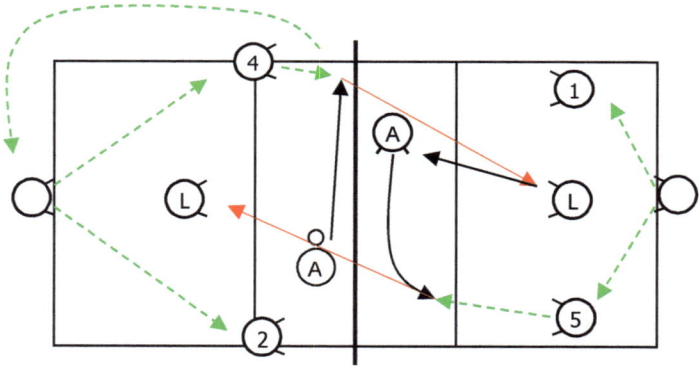

Angriff über die Positionen
a) 4 oder 2 am Netz (linke Feldseite) und
b) 1 oder 5 aus dem Rückraum (rechte Feldseite).

Abwehr durch Libero / Abwehrspieler.

Variante: Libero + 1-2 Abwehrspieler
(Angreifer können ebenfalls als Abwehrspieler fungieren)

Libero / Abwehrspieler können auch anders positioniert werden und so die Abwehr variabel trainiert werden.

WEITERE KLEINE SPIELE

Team-Spiel-Chaos

5 Punkte

1. Ball = Dankeball von Trainer auf ein Team (egal welche Seite).

2. Ball = Driveschlag von Trainer auf das Gewinnerteam des ersten Balles.

3. Ball = Trainer wirft zwischen zwei Blockspieler am Netz (siehe Grafik 1).

4. Ball = „Omaha"
Team bildet einen Marktplatz (siehe Grafik 2), der Trainer wirft einen Ball in diese Mitte.

5. Ball = Trainer wirft einen hohen Ball in den Rückraum (Grafik 3)

Die Bälle werden ausgespielt

a) Trainerbälle auf Gewinner-Team vom jeweiligen vorangegangenen Ball.

b) Trainerbälle auf stets ein bestimmtes Team (linkes oder rechtes Team).

Bounce (fun) … indirekte Angriffe unter dem Netz durch

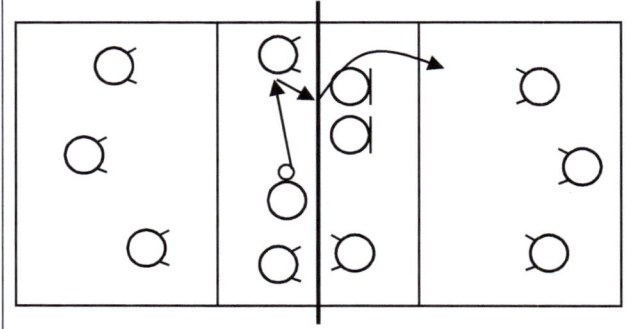

Normales VB-Spiel

Angriffe erfolgen aber unter dem Netz durch.

Blockiert wird rückwärts (mit dem Po).

Volley-Tennis mit vier Teams

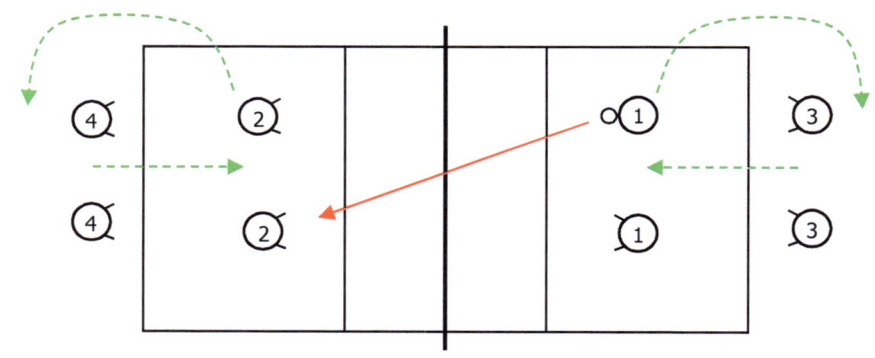

- Gespielt wird normales Volleyball, Beachvolley oder Rückraumvolleyball.
- Auf dem Feld spielen immer zwei Teams gegeneinander
 (hier beginnen Team 1 und 2).
- Nach dem Angriffsspiel über das Netz wechselt das angreifende Team nach hinten aus dem Feld raus und das dort wartende Team (hier rechts Team 3 und links 4) wechselt auf das Feld.

Variante
- Es muss mit drei Ballkontakten gespielt werden.

Angabe-Baseball

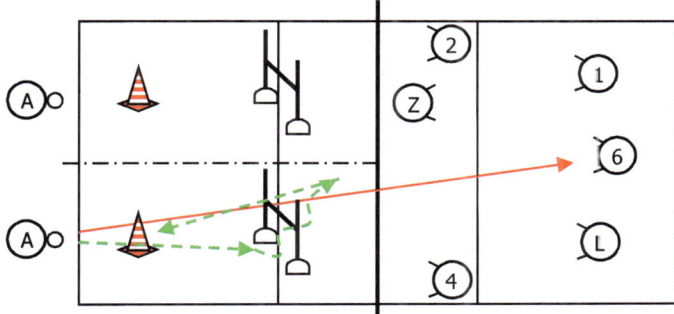

Der Run beginnt mit Angabe von Spieler A auf das Feldteam (rechtes Feld)
- 3 Annahmespieler + 2 Angreifer und Zuspieler (entspricht komplettem Team), oder
- 4er-Mannschaft, bzw. beliebig viele Spieler.

Feld- oder Annahmeteam spielt den Ball aus und versucht den Angabespieler in seiner Bewegung auf dem gegnerischen Feld durch einen Angriff über das Netz abzuschießen.

Angabespieler A durchläuft nach seiner Angabe einen Parcours:
- Sprint in den 3—Raum mit Diver unter einer Stange,
- Rückwärtsbewegung / tiefe Abwehrhaltung zum Pylon (Bsp. Grafik).

Natürlich kann diese Übung mit Punkten wie z.B. im Baseball gewertet werden.

Schulung u.a. der Zuspieltaktik:
- Läuft der Angabespieler auf seine Feldposition 2 (in der Grafik unterer Parcours), spielt der Zuspieler den Ball auf den Angriffsspieler 4.
- Läuft er auf die Position 4 (in der Grafik oberer Parcours), wird der Ball auf den Angreifer 2 zugespielt.

Smash-Ball (Aufwärmen / Grundtechnik)

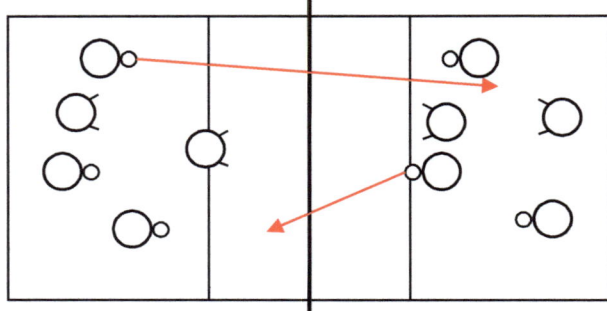

2 Teams spielen gegeneinander mehrere Bälle mit Smash in das gegnerische Feld.

Ziel: Nach bestimmter Zeit so wenig Bälle wie möglich im eigenen Feld zu haben.

Variante
Abspiel mit o.Z. / u.Z.

2 Kleinfeldspielchen (Rhythmuswechsel)

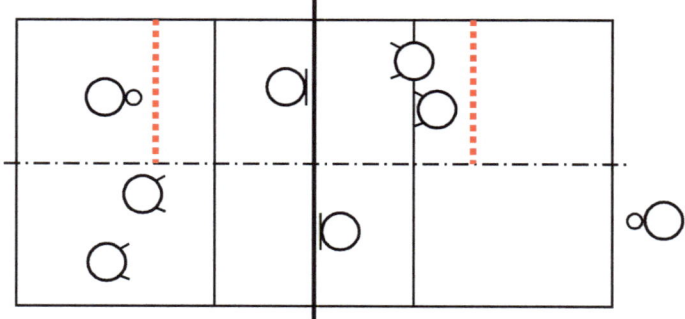

Feld A spielt im Angriff Lobb (Kleinfeld, verkürzt)

Feld B spielt volles Risiko (gesamte Feldlänge)

Nach einer bestimmten Zeit oder Anzahl von Punkten wird immer wieder gewechselt und somit auch die Rhythmisierung trainiert.

King of the Court

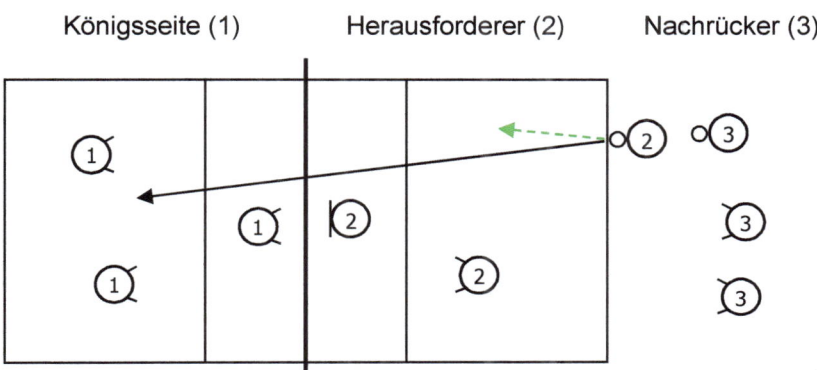

- Vor dem Spiel müssen die Regeln, nach welchen gespielt werden soll (3 Ballkontakte, Rückraum, ...) festgelegt werden.
- Spiel anhand des o.a. Beispiels:
  - Angabeseite ist stets auf die Herausfordererseite.
  - Das Team, welches einen Punkt erzielt, auch mit der Angabe, wechselt oder bleibt auf der Königsseite.
  - Auf der Königsseite werden die Punkte gezählt, die hintereinander erkämpft werden.
  - Das Team, das auf der Königsseite verliert, wechselt auf die Nachrückerposition.
  - Die Nachrücker wechseln nach einem Ballgewinn der Könige oder Herausforderer als neue Herausforderer auf die rechte Seite und beginnen rasch (siehe letzter Punkt) mit der Angabe.
  - Gewinnen die Herausforderer einen Ball, wechseln diese schnellstmöglich auf die Königsseite,
  - die neuen Herausforderer warten mit der Angabe, bis die neuen Könige auf ihrer Position stehen (aber nicht allzu lange!).

Mini-Sätze (ähnlich King of the Court)

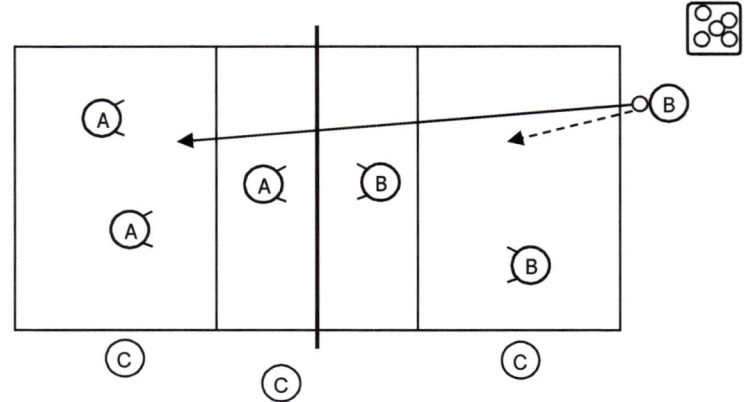

- Team A vs. Team B
  A = Königsseite / Kingside
  B = Herausfordererseite

- gespielt wird auf 5 Punkte (2 Punkte Differenz),

- Gewinner bleiben auf Kingside.

Team C wartet und sammelt die Bälle ein.

Reise nach Jerusalem?

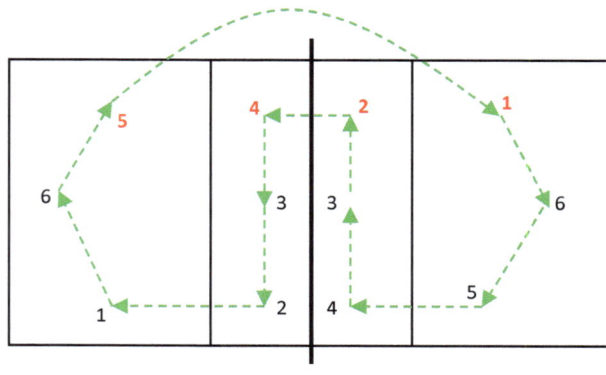

Spiel Team A vs. B

Wechsel im Uhrzeigersinn (VB-Pos-Wechsel-Modus).
Vom rechten Feld (Position 2) wird auf die andere Seite ins andere Team auf die Position 4 gewechselt.
Vom linken Feld (Position 5) wird auf die andere Seite ins andere Team auf die Position 1 gewechselt.

Volley-Tennis (Pendel)

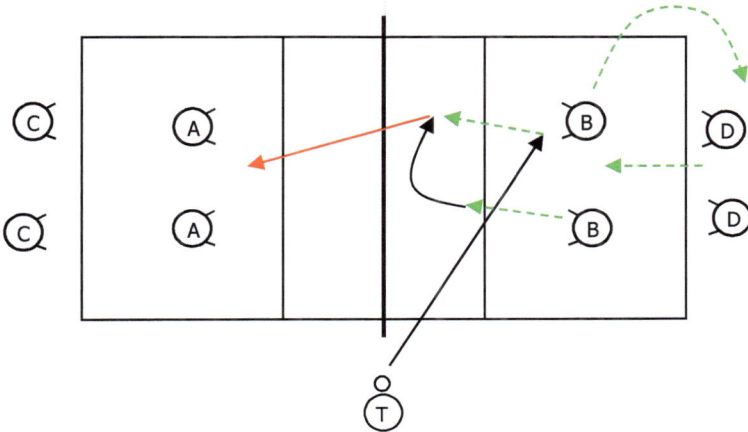

Beachte!
zu kurze Ballwechsel = Feld kleiner machen
zu lange Ballwechsel = Feld größer machen

- 2 Teams befinden sich auf dem Feld (hier Team A und B) und spielen gegeneinander.
- Der Trainer bringt den Ball ins Spiel (Schlag oder Wurf).
- Nach dem Angriff (Smash, oberes oder unteres Zuspiel, ...) wechselt das Team nach hinten aus dem jeweiligen Feld und
- das jeweilige Nachrückerteam (hier Team C und D) wechselt in das Feld.

Sind die Ballwechsel zu kurz, d.h. die Punkte sind zu schnell erzielt, bzw. die abwehrende Mannschaft hat kaum eine Chance abzuwehren und einen Gegenangriff aufzubauen, wird das Feld verkleinert.

Dauern die Ballwechsel zu lange, wird das Feld vergrößert.

Angriffsbälle z.B. in den 3-m-Raum provozieren einen harten und schnellen Gegenangriff.

Bagger-Rundlauf (Bagger-Chinesisch)

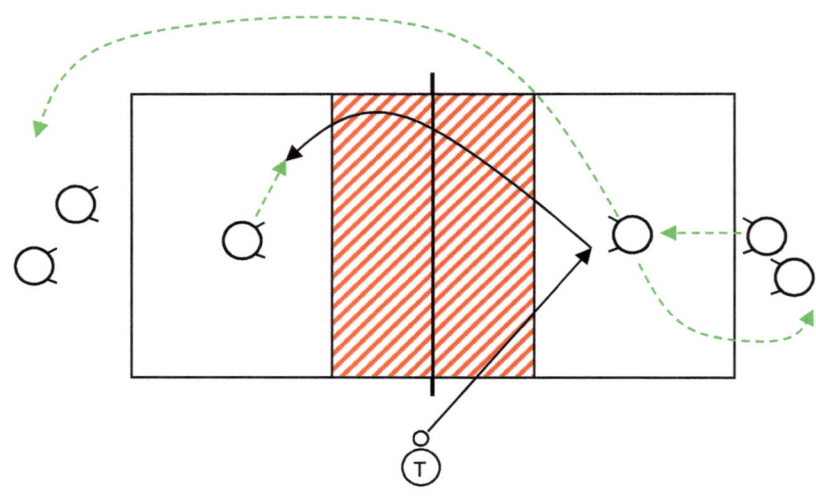

- Trainerball als Angabe auf die Seite mit mehr Spielern
- Ball wird wie im Tennis per Bagger auf die gegnerische Seite gespielt
- 3m-Raum = **Tabuzone**
- „Angreifer" läuft nach seinem Spiel …
    a) Hinter die wartenden Spieler auf seiner Seite.
    b) Hinter die wartenden Spieler auf der gegnerischen Seite
       (Um den Pfosten herum!)
- Jeder Spieler hat z.B. 3 „Engelchen/Leben"
- Die letzten verbleibenden Spieler spielen (ohne Seitenwechsel) bis 3 Punkte den Sieger aus

1. Ball indirekt (Position zum Ball verbessern)

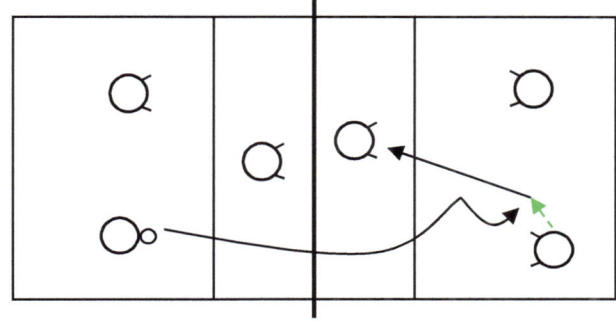

Hier wird normal Volleyball gespielt.
Aber der Angriffsball, der erste Ball, darf erst nach einmal auf dem Boden aufkommen zum Zuspieler gespielt werden.
So muss der Abwehrspieler seine Position zum Ball (hinter den Ball) schnell korrigieren.

Anfangs ist es empfehlenswert das Netz ganz nach oben zu stellen, damit die Bälle nicht zu schnell kommen.

Ball im Spiel halten – mit Positionswechsel

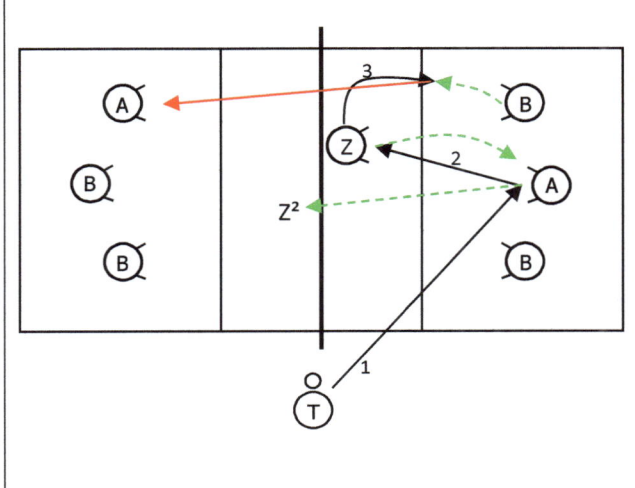

1) Trainerball auf A
   im Spielverlauf wird dies der Angriffsball,
2) A nimmt auf Z an und läuft sofort auf die andere Feldseite auf Position Z^2 und wird dort Zuspieler,
3) Zuspieler spielt einen Rückraum auf einen der Spieler B und läuft sofort auf die Position des Annahmespielers.

Annahmespieler wird zum Zuspieler auf der anderen Feldseite, Zuspieler wird Annahme-/Abwehrspieler.

Kleinfeldspiel mit Angreiferpendel – 2-Ballkontakt-Spiel

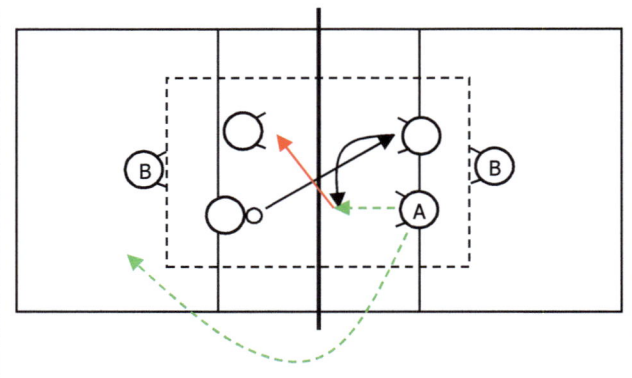

Bei dieser Übung wird nur mit 2 Ballkontakten gespielt (Abwehr – Angriff).
Die Abwehr muss so gespielt werden, dass diese sofort angegriffen werden kann.

Angriffsspieler wechselt nach seinem Smash auf die andere Feldseite in die Warteposition (hier B). Spieler B wechselt auf die freie Position.

Variante
Übung auf gesamtem Feld

Koordinatives Baggerrondo mit vier Teams

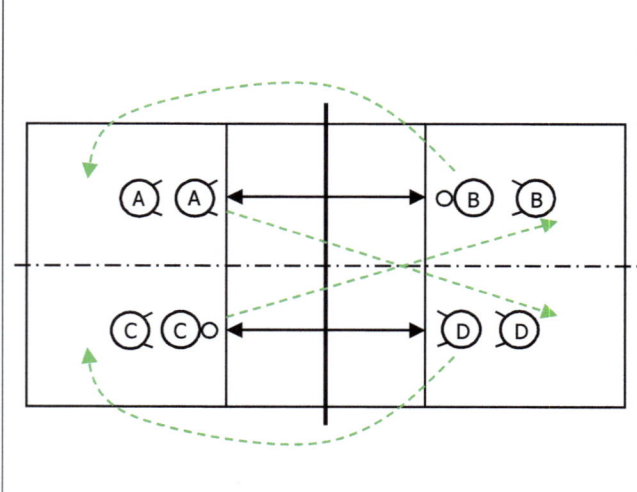

Die Spieler spielen sich den Ball per Bagger gerade zu
(A mit B und C mit D).

Gewechselt wird wie folgt:
von links (A, C) nach rechts über Kreuz,
von rechts (B, D) nach links gerade.

Variante
Auf einer Seite wird mit dem „Liberoball" geübt, was die Schulter-Arm-Haltung verbessert.

Big-Point-Spiel (Spiel unter Druck)

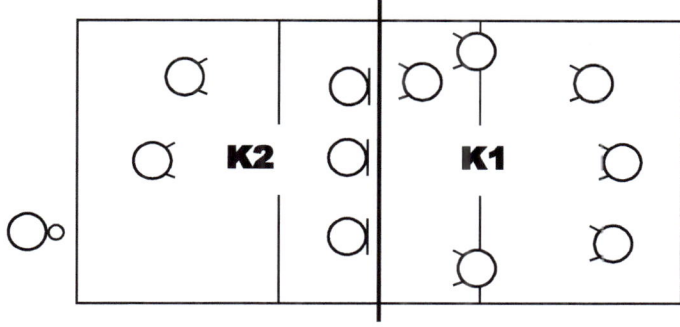

Team K2 (Aufschlag-Team)
Team K1 (Annahme-Team)
Sideout
7 Bälle = 1 Spiel (dann Rollenwechsel)

Sideout-Team (K1) darf 1 Position rotierten, wenn **mind. 5 Bälle** gewonnen werden **(= Big-Point)**
Ziel: 6 Big Points (= eine komplette Rotation)

Volley-Squash

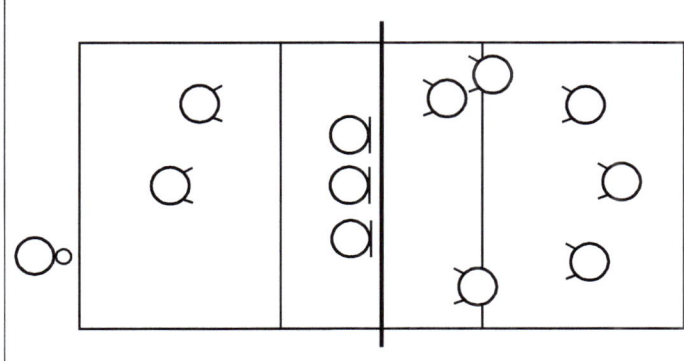

2 Teams spielen gegeneinander (keine Mindestspielerzahl).

Der Ball wird nicht mit einer regulären Angabe ins Spiel gebracht.
Ein Smash oder „Einwurf" von dort, wo der Ball aufgenommen wurde, bringt Geschwindigkeit ins Spiel.

Wenn ein Punkt erfolgt ist, wird der Ball so schnell wie möglich wieder ins Spiel gebracht (Hetze).

2 Teams – 2 Bälle

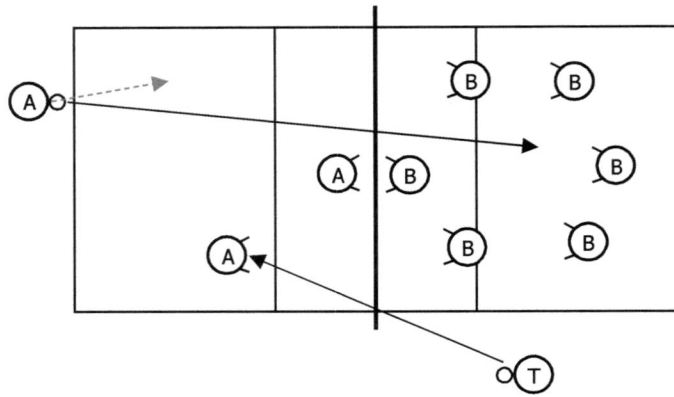

Mögliche Variante
- Kleines Team (hier A) vs. gesamtes Team (B)
- Zwei gleich große / starke Teams

Spielverlauf
- Team A beginnt mit der Angabe auf Team B,
- nach der gelungenen Angabe spielt der Trainer sofort den zweiten Ball auf das Angabe-Team (hier A).
- Die Teams spielen, mit drei Ballkontakten, die Bälle aus.
- Je nach Niveaustufe des Teams greifen diese die Bälle in der Grundtechnik oder mit Smash an.
- Sobald ein Ball „tot" ist, wird mit dem zweiten Ball so lange weitergespielt, bis auch dieser verwertet wird.
- Holt ein Ball den anderen ein, ist der Spielzug ebenfalls beendet.

Punkteverteilung (nur bei höherer Niveaustufe)
- Je Ball ein Punkt.
- Spielt ein Team schneller, wodurch ein Ball den anderen einholt (s.o.) verliert das Team, welches nun zwei Bälle auf seiner Seite hat einen Punkt.
    - Kann dieses Team aber mit beiden Bällen spielen, werden diese so lange ausgespielt, bis ein Team beide Bälle nicht mehr bewältigen kann (sehr hohes Niveau).

Schlusswort

Letztendlich möchte ich mich bei allen Trainerinnen und Trainern, Sportlehrerinnen und Sportlehrern die mich in all meinen Jahren als Spieler und Schüler in diesem wunderbaren Sport betreut haben, für ihr Engagement und die hervorragende Ausbildung bedanken.

Mein größtes Dankeschön geht an alle Spielerinnen und Spieler, die ich als Trainer und Übungsleiter betreuen durfte. Ohne euch wäre es nie zu diesem Buch gekommen. Vielleicht tröstet euch das über die Schmerzen und den einen oder anderen Muskelkater hinweg, die ihr unter meiner Führung erleiden musstet. Ihr seid großartig gewesen.

Abschließend, vielen Dank an euch alle, ihr Übungsleiterinnen, Übungsleiter, Trainerinnen und Trainer, mit der Hoffnung, ihr habt mit den Übungen genauso viel Spaß wie ich ihn hatte und hoffentlich noch lange haben werde. Des Weiteren für euer unermüdliches, pausenloses und aufopferungswürdiges Engagement als Ehrenamtliche, Vorbilder und AusbilderInnen.

Und jetzt ... worauf wartet ihr noch, ran ans Training. Und vielleicht begegnen wir uns ja einmal in der Sporthalle.

Euer Muli